JN077325

所得税・個人住民税の定額減

　令和6年分の所得税及び令和6年度分の個人住民　
及び個人住民税所得割の額の特別控除が行われます。令和6年分の所得税又は令和6
年度分の個人住民税に係る合計所得金額が1,805万円を超える人は対象外です。

1　特別控除の額

　次の金額の合計額です（その合計額がその人の所得税額又は所得割の額を超える場
合には、所得税額又は所得割の額が限度とされます。）。

所得税	個人住民税
本人　3万円	本人　1万円
同一生計配偶者、扶養親族 1人につき3万円	控除対象配偶者^(注)、扶養親族 1人につき1万円

（注）　控除対象配偶者を除く同一生計配偶者については、令和7年度分の所得割の額から、1万
　　円が控除されます。

2　特別控除の実施方法（会社等による給与所得者への対応）

（所得税）

①　令和6年6月1日以後最初に支払をする給与等（賞与を含むものとし、給与所得
　者の扶養控除等申告書の提出の際に経由した給与等の支払者が支払うものに限り
　ます。）につき源泉徴収をされるべき所得税等の額（所得税及び復興特別所得税）の額
　から特別控除の額に相当する金額を控除します。

②　①により控除をしてもなお控除しきれない部分の金額は、以後令和6年中に支払
　う給与等（同年において最後に支払うものを除きます。）に係る源泉徴収税額から、
　順次控除します。

（注）　①及び②により控除する同一生計配偶者等に係る特別控除の額は、原則として源泉控除対
　　象配偶者で合計所得金額が48万円以下である人又は扶養親族で国内に住んでいる人に該当す
　　る人について算出します。

③　令和6年分の年末調整の際は、住宅ローン控除などの税額控除後の所得税額から
　特別控除額を控除し、特別控除の額を控除した金額をもとに復興特別所得税を含め
　た年税額を計算します。

（個人住民税）

　令和6年6月に給与の支払をする際は特別徴収を行いません。市町村から通知され
る個人住民税の特別徴収税額通知書に記載されている税額（特別控除の額を控除した
後の個人住民税の額の11分の1の額）を、令和6年7月から令和7年5月まで、それ
ぞれの給与の支払をする際毎月徴収します。

（令和6年度税制改正大綱より）

ざっくりわかる

はじめての
経理
はじめての
税金

消費税
社会保険
法人税
決算
年末調整

やさか税理士法人
税理士
磯山 仁志 著

① 経理業務の流れ ② 税額計算の流れ ③ 給与計算の流れ が **ざっくりわかる！**

清文社

は　し　が　き

　経理のお仕事と聞いてどんなイメージを持たれるでしょうか？

　多くの方が、お金、数字、細かい、真面目、地味、、、、このようなイメージを持っているかと思います。

　経理のお仕事はお金の計算と管理を行う仕事であり、業務のほとんどはオフィスで行われるため、このようなイメージは正しいのかもしれません。

　だからといってやりがいがなく、つまらない仕事かというと決してそういうことはありません。上場企業のような大企業から家族経営のような零細企業まで、企業であれば必ず経理のお仕事を担っている人がいます（社長自らが担当している場合もあります。）。企業はお金を使ってお金を稼ぐ存在であるため、どんな業種や規模の企業であろうと経理業務は絶対に欠かせません。

　特に中小企業において、経理担当者は、企業の資金繰りや予算・実績の分析、税金の計算、従業員の給与計算を行い、経営者しか知らないような企業の機密に携わるなど、社長の右腕といってもいい存在です。

　そのためベテランの従業員が経理担当者に就いている企業も多いでしょう。しかしながらテクノロジーの進歩により、経理業務も時代とともに必要なスキルや仕事の進め方は進化しています。そのためデジタルスキルに明るい従業員や、将来の幹部候補として期待される従業員が経理業務に配属されることも少なくありません。

　本書は、そのようなこれから経理業務に携わる方々に、企業での役割と大まかな業務の流れ、最低限知っておくべき会計や税金の知識を"ざっくりと"つかんでいただくことを目的として執筆しました。本書を通して、冒頭申し上げたイメージをもう少し具体化するとともに、多少なりとも、新たに経理業務に就く方の業務スキルの習得や、経理業務に対する意識の醸成に役立つことがあれば幸いに存じます。

　令和6年1月

やさか税理士法人　税理士　磯山　仁志

CONTENTS

第1章 経理担当者のお仕事とは

1 中小企業の経理担当者の役割とは

2 経理担当者の業務スケジュールについて

3 経理担当者が行う記帳業務について

4 経理担当者が行う決算業務について

第2章　税金にまつわる経理のお仕事

1 ざっくりと知っておきたい会社と税金①
〜法人三税について〜

第3章 給与計算にまつわる経理のお仕事

1 **給与計算事務について**

2 **社会保険事務について**

3 年末調整について① ～サラリーマンの税金計算とは～

4 年末調整について② ～年末調整の作業手順～

5 年末調整について③ ～税務署・自治体への報告～

※本書の内容は、令和6年1月15日現在の法令等及び令和6年度税制改正大綱によります。

本書を読むにあたって

　本書は、多くの人にできるだけわかりやすく経理業務や税金のイメージを理解いただくために、あえて簡略化・抽象化した記述をしている部分があります。

・専門用語については、一般的な用語に置き換えて表現している部分があります。

・所得や税額、給与等の計算方法にあたっては、概要・概算で表現するなど、計算方法と実際の計算結果に若干の差異が生じる可能性があります。

・事務手続の解説にあたっては、要件を簡便的に記載している部分や、例外的な取扱いを割愛している部分があります。

　実際に税務申告書の作成や社会保険事務を行う際には、専門家に相談されることをお勧めします。

第1章 経理担当者のお仕事とは

1 中小企業の経理担当者の役割とは

中小企業においては、経理担当者と一口にいっても非常に多彩な仕事を担っています。

中小企業(従業員数が300人以下の会社)には、どのくらいの経理担当者がいるのか想像できるでしょうか。企業によって多少の差はあるかもしれませんが、従業員が50人程度の会社であれば、そのうち経理担当者は1名～3名です。もう少し従業員が多かったり、あるいは複数の事業所・工場を持っている企業の場合には、本社の経理担当者に加えて、拠点ごとに1名ずつの経理担当者がいる場合もあるでしょう。

ここでは中小企業の経理担当者がどのようなお仕事を任されているのか簡単に紹介します。

❶ 会計に関する業務

経理担当者の業務で最も大きなウェイトを占めるのが会計に関する業務です。

記帳業務	日々の最も基本的な業務は、記帳業務です。会社の日々のあらゆる取引の内容について帳簿に記録する作業となります。日々の取引の記録が積み重なって最終的には貸借対照表や損益計算書などの決算書が作られますので、記帳業務は非常に重要な業務です。
現預金の管理	現預金の管理も日々行います。小口現金を準備したり、帳簿上の残高と実際の現預金残高が一致しているかを照合し、不一致の場合にはその原因を調査します。
経費や立替金の精算・決済の確認	経費や立替金の精算も日々の業務です。期日までに買掛金の出金や売掛金の入金が行われているかの確認も行います。手形を用いた取引を行っている場合にはその管理も必要です。あわせて、取引先への請求書や領収書の発行を行います。

実地棚卸	商品や製品などの棚卸資産を保有している企業の場合には、棚卸資産の数量を数えて帳簿と照合する実地棚卸の作業があります。実地棚卸の頻度は、企業によって、あるいは扱っている商材によって、月に1回〜年に1回とまちまちです。
決算業務	事業年度が終了すると、決算業務にとりかかります。期中の取引の記録に誤りや漏れがないかをチェックし、各勘定の残高と内訳を整理します。一般的に決算業務は顧問税理士と協業して行うことが多く、最終的には完成した決算書を基に顧問税理士が税務申告書を作成します。
各種税金の支払	定期的に各種税金の支払期日がありますので、忘れずに納付の手続をします。

　なお、これらの会計に関する業務は、企業によってはその一部を税理士に外注している場合もあります。

❷ 会計に関する業務以外の重要な業務

　会計に関する業務以外の重要な業務として、給与事務に関する業務があります。

給与事務に関する業務	毎月、給与の締日から支給日までの間に、従業員の給与を計算して賃金台帳に記録するとともに、支給の手続を行います。あわせて、給与から天引きする社会保険料や源泉所得税及び住民税を計算して期日までに納付します。年に数回ある賞与の計算もまた同様です。毎年12月には年末調整の作業があります。従業員の1年間の給与等の金額を集計するとともに、各従業員の所得から控除する項目を収集・整理し、源泉所得税の過不足を精算するのです。附随して税務署・自治体に給与に関する書類を提出します。 さらには、不定期ですが、退職者に対する退職金の手続や、社会保険の支給の手続や助成金の申請も行います。

　なお、これらの給与事務に関する業務は、企業によってはその一部を社会保険労務士や税理士に外注している場合もあります。

❸ その他の業務

　経理担当者が任される業務は、会計に関する業務・給与事務に関する業務だけではありません。

　ここではその他の業務と呼びます。その他の業務の範囲は企業によって異なりますが、人材採用に関する業務や、各種社内規定の整備業務、販売契約や請負契約、賃貸借契約など各種契約締結に関する業務、消耗備品の発注業務、IT機器の更新業務、社屋や事業所の設備保守に関する業務、社長の予定管理や利害関係者への年賀状等作成などの秘書業務など、営業活動と生産活動以外のすべての業務を経理担当者が担っているケースも少なくありません。

　大企業であれば、人事・法務・総務部門がそれぞれ行っている業務を、中小企業では経理担当者が会計や給与計算を行うかたわらで担っているのです。

❹ 中小企業の経理担当者が本質的に求められている役割とは

　ここまで述べてきた業務は、どれも正確さが求められる作業であり、日々の
ルーティンとなる作業も多いため、単調で地味に感じられるかもしれません。決
算書を作成することも給与計算をすることも、結局過去の実績を整理しているだ
けと捉えられるかもしれません。もちろんこれらの業務も欠かすことのできない
極めて重要な業務なのですが、これらの業務をこなしているだけで中小企業の経
理担当者として十分であるかと問われるとそうは言い切れません。

　中小企業の経理担当者が本質的に求められている役割は、経営者への適切な報
告・助言業務でしょう。中小企業の多くは、大企業とは異なり取締役も少なく、
すべての経営判断を実質的には社長が一人で行っています。また、同族経営であ
り、社長＝株主であるケースも多いため、大企業のように業績の良否によって社
長が交代することもありません。その意味で社長の影響力は絶大で、社長の経営
判断が会社の命運を握っています。

　一方で、経理担当者は日々の業務を通じて、会社の最も重要な要素であるお金
の動きが一目瞭然です。会社にお金があるのか・ないのか。近い将来お金が増え
るのか・減るのか。その理由はなぜなのか。お金が多いならどのように投資すべき
なのか。お金がないのならどのように調達すべきなのか。経費の推移はどうな
のか。売上げの推移とリンクしているのか。賞与はいくら支給すべきなのか。設
備投資は今すべきなのか。人員を増やすべきなのか。こういったことに社内で
真っ先に目が向き、誰よりも情報を持っているのは経理担当者なのです。

　経理担当者は、資金繰りに関する状況を常に把握するとともに、営業部門や生
産部門など現場との密接な情報の共有を図り、定期的に予算の策定やそれに対す
る実績の分析を行い、適切なタイミングで社長にレポートする役割を担っている
のです。

　社長が会社の成長のための正しい経営判断ができるようにサポートする業務こ
そが、中小企業の経理担当者の重要な役割であり、醍醐味ともいえるのではない
でしょうか。

2 経理担当者の業務スケジュールについて

会社において決算の対象となる期間を事業年度といいます。事業年度は基本的に1年間であり、その開始月は会社によって異なりますが、多くの会社が事業年度を4月1日〜3月31日の1年間に定めています。これは国や地方自治体の会計年度及び教育機関の年度が4月1日〜3月31日であることに合わせたものと思われます。

なお、事業年度の最終日のことを一般的に決算日と呼びます。

① 事業年度が1サイクル

経理業務は基本的には事業年度を1つのサイクルとして遂行されます。ここでは、3月末が決算日である会社の1年間の経理業務のスケジュールについてざっくりとみていきましょう。

4月	4月に事業年度が始まると早速、前事業年度の決算作業に取り掛かることとなります。世間一般は暖かくなり心がウキウキする時期ですが、経理担当者にとっては1年で1番忙しく、心穏やかじゃない時期となります。 新人が4月に配属された場合には、先輩社員が息つく間もなく鬼のような形相で決算作業に取りかかっているのを見て、いきなり自信を失ってしまうかもしれませんので、ケアが必要です。
5月	5月には株主総会を開催するとともに、総会で確定した決算に基づき、法人税等及び消費税等の申告・納付を行います。事業年度の末日が3月31日の会社では、原則的には5月31日が法人税等及び消費税等の申告及び納付期限となります。
6月	6月は多くの会社では賞与の支給月となります。賞与に関する源泉税額や社会保険料の計算を行います。
7月	7月は労働保険の年度更新や、健康保険や厚生年金保険の算定基礎届の提出など社会保険に関する業務があります。

8月 9月 10月	8月から10月は、日常業務以外にはこれといったイベントはありません。春先から忙しい日々を送ってきた経理担当者もここで一息つくことができます。業務の効率化に資する改善活動を行い、繁忙期に向けた準備と英気を養うリフレッシュ期間となります。 ただし、税務調査が比較的多い時期でもあります。運悪く税務調査に当たってしまった年は、一転して緊張感あふれた日々となるでしょう。
11月	11月は中間決算の月となります。中小企業では、前年実績に基づいてあらかじめ定められた法人税等の申告・納付を行うだけの場合が多いですが、会社によっては、経営状況の把握のために半期報告書を作成する場合や、前年実績ではなく中間決算に基づいて法人税等の申告・納付を行うために仮決算の作業を行う場合もあります。
12月	12月は6月と同様に賞与の支給月である会社が多いでしょう。加えて従業員の年末調整を行うことになります。世間ではクリスマスや正月休みを控えた楽しい年末ですが、経理担当者は、会社によっては年末ギリギリまで年末調整の作業に追われることとなります。
1月	1月は年末調整の結果を受けて、法定調書の提出と給与支払報告書の提出を行います。また、償却資産税の申告も行います。
2月 3月	2月から3月は、決算に向けた準備を行います。決算作業計画の作成や関係部署との調整などを行います。また、3月末には在庫の実地棚卸を実施します。

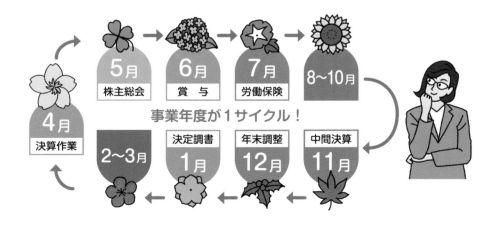

5月 株主総会 → 6月 賞与 → 7月 労働保険 → 8~10月

事業年度が1サイクル！

4月 決算作業

2~3月 → 1月 決定調書 → 12月 年末調整 → 11月 中間決算

■経理担当者の年間業務スケジュール

業務スケジュール	4月	5月	6月	7月	8月	9月	10月	11月	12月	1月	2月	3月
	決算作業	株主総会 法人税等・消費税等の申告及び納付	賞与計算	労働保険の年度更新 月額算定基礎届の提出				法人税等の中間申告・納付	賞与計算 年末調整	償却資産税の申告 法定調書・給与支払報告書の提出		実地棚卸

繁忙 ⇔ 閑散

この他、源泉所得税や住民税の納付が毎月（納期の特例を受けている場合は年2回）あり、社会保険料の納付も毎月あります。消費税は前年度の納税額によって、年1回・年3回・年11回の中間納付があります。さらに、4月・7月・12月・2月（市町村により異なる場合があります。）には固定資産税の納付もあります。

② 3月決算の会社における経理業務の繁忙期

3月決算の会社における経理業務の繁忙期は、決算作業が行われる4月～5月、及び、年末調整に関する業務が行われる12月～1月です。比較的、繁忙期と閑散期がはっきりした業務といえます。童話の「アリとキリギリス」ではないですが、ゆとりのある時期に繁忙期の業務を効率的に行うことができる仕組み作りをきちんとしておくことが、無事に繁忙期を乗り越えるための肝といえます。また、期限が明確に定められた業務が多いため、計画的に業務遂行できるスキルを養うことも重要でしょう。

■入金伝票

　現金の入金時に記録します。入金事由について勘定科目を用いて記録するとともに入金元や入金金額を記録します。

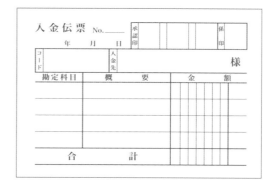

■出金伝票

　現金の出金時に記録します。出金事由について勘定科目を用いて記録するとともに出金先や出金金額を記録します。

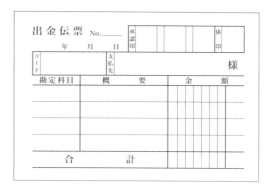

■振替伝票

　現金の入出金を伴う取引以外の取引を記録します。記録方法は仕訳を作成するイメージで借方と貸方に科目と金額を記録し、合計額を一致させます。

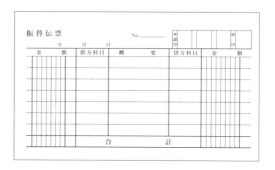

❹ 総勘定元帳

　仕訳日記帳への記帳あるいは伝票の起票が終わったら、その内容を総勘定元帳に転記します。総勘定元帳とは、取引の内容を勘定科目別に集計した帳簿です。具体的には仕訳の内容を勘定科目ごとに借方と貸方に分けて金額を転記していきます。日々の取引を転記することで、勘定科目ごとに残高の推移を確認することができます。

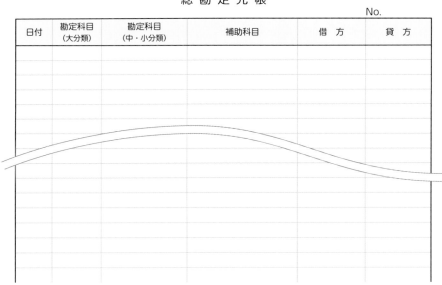

総 勘 定 元 帳

No.

日付	勘定科目 （大分類）	勘定科目 （中・小分類）	補助科目	借　方	貸　方

❺ 残高試算表

　総勘定元帳の各科目残高（期首残高・借方合計・貸方合計・期末残高）を並べて表示する帳簿です。総勘定元帳の勘定科目ごとの借方合計と貸方合計を転記して、各科目残高を表現します。期末残高部分だけを切り出すと貸借対照表及び損益計算書に近いイメージの帳簿になります。

❸ 記帳業務の流れ

日々の記帳業務を大まかに図示すると次のようになります。

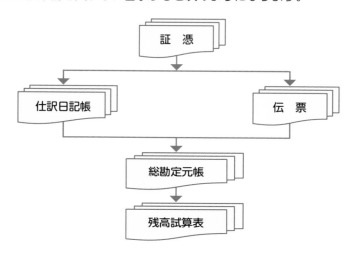

❹ 実際の記帳業務について

　ここまで原則的な記帳業務の流れを説明してきましたが、通常これらの業務は会計ソフトを利用して行います。会計ソフトを利用した場合、証憑を基に会計ソフト上で伝票入力を行うことで、自動的に仕訳日記帳・総勘定元帳・残高試算表が生成されます。よって記帳業務を端的にいうと、会計ソフトに伝票を入力する作業となります。

　なお、昨今ではAIの発達によりクラウドサービス型の会計ソフトを中心に記帳業務の自動化・省力化が進んでいます。

　会計ソフトと銀行口座やクレジットカード明細を紐づけることで、自動で仕訳が記帳される、領収書をスマホのカメラやスキャナで読み込むことで会計ソフトに仕訳が記帳される、売上げの電子決済端末から会計ソフトに売上情報が転送され仕訳が自動で記帳されるなどの機能があります。

　記帳業務もテクノロジーの進化によって仕事の仕方が変わりつつあるといえるでしょう。

4 経理担当者が行う決算業務について

決算業務は経理担当者にとって年に一度のビックイベントといえるでしょう。決算業務とは一言でいうとその事業年度の帳簿残高を確定させる作業になります。そのため、基本的には決算日（＝事業年度末日）以降の作業となります。決算業務は概ね次のような流れで進めていきます。

① 決算作業の流れの一例

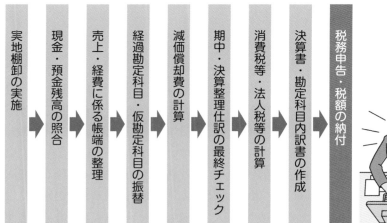

実地棚卸の実施 ▶ 現金・預金残高の照合 ▶ 売上・経費に係る帳端の整理 ▶ 経過勘定科目・仮勘定科目の振替 ▶ 減価償却費の計算 ▶ 期中・決算整理仕訳の最終チェック ▶ 消費税等・法人税等の計算 ▶ 決算書・勘定科目内訳書の作成 ▶ 税務申告・税額の納付

② 実地棚卸の実施

　期末時点の商品・製品・仕掛品等の現物在庫の数量を数えて金額に換算します。

　なお、棚卸資産を金額に換算するにあたっての評価方法はいくつかありますが、中小企業の多くは最終仕入原価法を用いています。これは法人税の計算において別途評価方法を税務署に届け出ない限りは、最終仕入原価法が適用されるためです。

最終仕入原価法とは、最後に買った時の金額で在庫の金額を計算する方法です。また、在庫だけでなく、未使用の切手や商品券なども貯蔵品として計上します。

最終仕入原価法	最後に買った時の金額で在庫の金額を計算する方法

❸ 現金・預金残高の照合

現金は決算日時点の実際の保有金額を確認し、預金は金融機関から残高証明書を取得し、いずれも帳簿残高と一致していることを確認します。また、金融機関からの借入金がある場合には、残高証明書で借入金残高及び支払利息の金額を確認します。

❹ 売上げ・経費に係る帳端の整理

帳端とは、月次で締日に対応して請求書を発行又は受領する取引の場合に、当月分の請求書に記載されない計上締日から決算日までの売上げや経費を指します。
　例えば、決算日が3月31日で毎月の売上締日が20日締めの会社の場合には、3月分の請求書には2月21日～3月20日までの売上高が記載されます。そのため請求書には記載されていない3月21日～3月31日の売上げを納品書等から確認し帳端として帳簿に追加しなくてはいけません。これは仕入れや経費の帳端についても同様です。売掛金・買掛金・未収入金・未払金を漏れなく計上する必要があります。

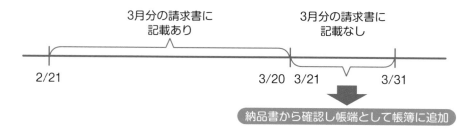

❺ 経過勘定科目・仮勘定科目の振替

　経過勘定科目とは、期間の損益を正しく計算するために、現預金の収支とその期に計上すべき収益や費用にタイミングのずれが生じた場合に調整するための勘定科目です。代表的な経過勘定科目には、前払費用・未払費用・未収収益・前受収益の4つがあります。例えば保険契約や保守契約など長期にわたりサービスの提供を受ける契約で、既にすべての代金の支払は済んでいるが、まだサービスの提供が完了していない（翌期以降にもサービスの提供を受ける）場合に、支出した金額を前払費用で処理するとともに、当期に帰属する部分を費用科目（保険料や保守料など）に振り替える処理をします。

　また、期中に仮受金・仮払金等の仮勘定科目を使った場合には、適切な科目に振り替えます。

代表的な経過勘定科目		前払費用・未払費用・未収収益・前受収益

❻ 減価償却費の計算

　固定資産の内、建物、器具備品、車などは、会社が保有・使用することで長期間にわたって収益獲得に貢献するとともに、使用するにつれてその価値が徐々に減少していくこととなります。このような資産については購入額を購入した期に全額費用として処理するのではなく、いったん資産として計上したうえで、その期に帰属する部分についてのみを減価償却費として費用計上することになります。

　減価償却費は資産の種類ごとに定められた法定耐用年数に基づいて、「定額法」や「定率法」などの一定の方法で計算します。通常の会社は、建物・建物附属設備・構築物・ソフトウェアについては「定額法」で、機械設備・車両運搬具・器具備品については、特に税務署に届出しない限りは、「定率法」で計算することとなります。

建物・建物附属設備・構築物・ソフトウェア		定額法
機械設備・車両運搬具・器具備品		定率法

❼ 期中・決算整理仕訳の最終チェック

　期中及びこれまでの決算整理で入力した仕訳の最終チェックを行います。具体的には、適切な勘定科目で入力しているか、金額に誤りはないか、資産計上すべき支出が費用処理されていないか、取引の消費税区分は適切であるかなどを確認します。また、チェックにあたっては、残高を勘定科目ごとに前年の残高と比較する、あるいは月別に比較することで誤りを発見しやすくなります。

❽ 消費税等・法人税等の計算

　会計が固まったら税額を計算します。まずは消費税等を計算することになります。これは消費税等を計算する過程で収益・費用が変動するからです。その後法人税等を計算します。法人税等とは、国税である法人税・地方法人税及び地方税である法人事業税・特別法人事業税（厳密には国税ですが、地方自治体に申告納付します。）・法人住民税の総称です。

　各種税金の詳細やその計算概要については、別章で述べることとします。なお、多くの中小企業の場合は税理士がこれらの税金を計算し、税務申告書を作成しているでしょう。

❾ 決算書・勘定科目内訳書の作成

　税金の計算が終わったところで当期純利益が確定し、決算日時点の残高試算表が完成します。残高試算表を基に決算書と勘定科目内訳書を作成します。一般的に中小企業における決算書とは、貸借対照表（B/S）、損益計算書（P/L）、株主資本等変動計算書、個別注記表があげられます。

貸借対照表	会社の決算日時点の財政状態を表す書類
損益計算書	会社の一会計期間の経営成績を表す書類
株主資本等変動計算書	貸借対照表の純資産の部の一会計期間における変動額と変動事由を示す書類
個別注記表	上記3つの書類の数値や項目に関する補足的な情報を文章で記載した書類

　製造業や建設業の場合には、この他に製造原価報告書を作成します。また、会社によっては、一会計期間の資金の変動額を表す書類であるキャッシュフロー計算書（CFS）を作成する場合もあります。

　勘定科目内訳書とは、貸借対照表や損益計算書に記載された勘定科目の事由別・取引先別金額などの内訳を記載した書類です。

⑩ 税務申告・税額の納付

　税務申告書を税務署・都道府県・市町村に申告します。併せて税務署には決算書・勘定科目内訳書を提出します。申告は書面でもできますが、昨今は電子申告が主流です。併せて計算した各種税額を納付します。

　なお、申告・納付期限は通常の場合、決算日の翌日から2か月以内となります。例えば3月31日が決算日であれば5月31日までに申告・納付しなくてはいけません。そのため、ここで述べた決算業務は決算日から2か月以内に完了させる必要があるのです。

申告・納付期限	➡	通常の場合、決算日の翌日から2か月以内

　決算日からの2か月間は、経理担当者は日常業務のかたわらでこれらの決算業務を行うこととなります。そのため非常に忙しい日々が続くこととなります。決算日を迎えるまでに作業の進め方の確認やできる限りの準備を行っておくのが良いでしょう。

　決算書を読むことで会社の財政状態と経営成績を把握することができます。金融機関で融資を受ける際や、大口の取引先と新規の契約を締結する際には、決算書の提示が求められます。これは、決算書を読むことで、その会社にお金を貸していいか、取引していいかを判断できるからです。 ❶で述べたとおり、経理担当者の本質的な役割は会社経営に関わる経営者への適切な報告と助言です。そのためには経理担当者には決算書を正しく読み、そこから会社の状況を把握する力が求められるでしょう。ここでは決算書の中でも特に重要な貸借対照表と損益計算書の読み方について説明します。

❶ 貸借対照表の概要

　会社の決算日時点の財政状態を表す書類であり、ざっくりいうと会社にどのような財産や借金があるのかを示す書類です。

　貸借対照表の左側は資産の部として会社の財産が記録され、右側には負債の部として会社の債務が記録されるとともに、純資産の部として資産の部と負債の部の差額が正味の財産として記録されます。資産の部が会社保有の財産であるのに対し、負債の部・純資産の部（合わせて総資本ともいいます。）はその財産の元となった資金の調達方法を表しています。資産の部と負債の部及び純資産の部の合計額は必ず一致することから貸借対照表はバランスシート（B/S）とも呼ばれます。

資産の部	資産の部は、現預金や売掛金などの営業債権や棚卸資産の他、1年以内に決済期限の到来する債権などが分類される流動資産と、建物・土地や決済期限が長期にわたる債権などが分類される固定資産と、繰延資産の3つの資産で構成されます。また、固定資産は有形固定資産・無形固定資産・投資その他の資産の3つに細分されます。
負債の部	負債の部は、買掛金などの営業債務や1年以内に決済期限の到来する債務などが分類される流動負債と、決済期限が長期にわたる債務などが分類される固定負債の2つの負債から構成されます。
純資産の部	純資産の部は、自己資本とも呼ばれ、会社の元手である資本金や資本剰余金、及び、過去の利益の蓄積である利益剰余金などに区分されます。いわゆる内部留保とは利益剰余金のことを指します。

■貸借対照表の構成要素

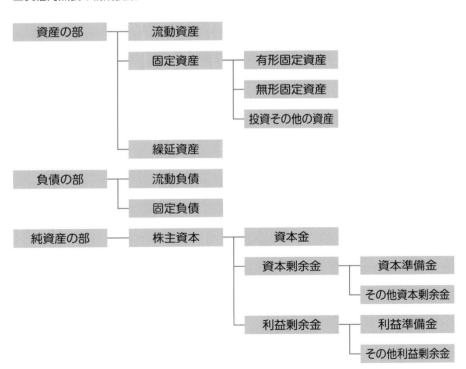

貸借対照表は会社の財政状態を表す書類であることから、次のような財政状態の健全性を測る指標がチェックポイントとなります。

❶ 自己資本比率

$$自己資本比率 = \frac{自己資本}{総資本（負債＋純資産）} \times 100$$

自己資本比率とは、単純にいうと総資本（負債＋純資産）に占める自己資本（純資産）の比率を指します。

自己資本は返済不要であるため、全体の資本調達に占める自己資本の比率が高いほど経営の安定性が高く、倒産しにくい会社と判断されます。中小企業の自己資本比率の平均値は40％程度ですが、業種によって若干異なり、製造業はやや高い傾向にある反面、卸売業はやや低い傾向にあります。一般的には50％を超えると安全性の高い企業、15％を下回ると危険な企業とみられます。なお、自己資本比率がマイナスの状態であることを債務超過といいます。

❷ 流動比率

$$流動比率 = \frac{流動資産（1年以内に現金化が予定される資産）}{流動負債（1年以内に支払を要する負債）} \times 100$$

流動比率とは、流動資産（1年以内に現金化が予定される資産）の流動負債（1年以内に支払を要する負債）に対する割合をいい、短期的な債務の支払能力を表します。

会社は黒字でいくら利益が生じていても、資金繰りに問題があり債務の支払が滞ると倒産の危機に瀕します。そのため、流動比率は会社の短期的な安全性と支払能力を把握することに役立ちます。

平均的な流動比率は業種によって異なり、支払サイトの長い建設業や製造業

では200％程度であるのに対し、卸売業や小売業では160％程度となります。なお、流動比率が100％を下回っている場合は、流動資産よりも流動負債の方が大きいことを意味しますので、資金がショートする恐れがあるといえます。

❸ 当座比率

$$当座比率 = \frac{当座資産（流動資産-棚卸資産）}{流動負債} \times 100$$

当座資産とは、流動資産から棚卸資産を除外したものです。つまり流動資産の内でも、より現預金に近いものといえます。当座比率は、流動比率よりもさらにシビアに短期的な支払能力を把握することに役立ちます。

一般的には100％を超えていることが望ましく、120％を超えているとかなり安定しているといえるでしょう。ただし、現金商売がメインの小売業であれば、当座資産は現金であるのに対し、流動負債は主に仕入れに要する買掛金であり支払サイトがあるため、100％を下回っていてもそれだけで危険な状態とはいえないでしょう。

❸ 損益計算書の概要

会社の一会計期間の経営成績を表す書類であり、ざっくりというと会社の売上げがどれくらいで、何の費用を使っていて、儲かっているのかどうかを示す書類です。

損益計算書は収益・費用・利益の3つの要素から構成されます。収益から費用を差し引いたものが利益です。この3つの要素を上から本業に近い区分ごとに集計します。

■損益計算書の構成要素

売上高
△　売上原価
　　売上総利益（粗利）
△　販売費及び一般管理費
　　営業利益
＋　営業外収益
△　営業外費用
　　経常利益
＋　特別利益
△　特別損失
　　税引前当期純利益
△　法人税、住民税及び事業税
　　税引後当期純利益（最終利益）

売上高	損益計算書の一番上に記載するのは売上高です。年商とよばれたり、一番上に記載することからトップラインともよばれます。売上高はモノを売ったり、サービスを提供したりすることにより得られる会社の本業による収益を表します。
売上原価	売上高から差し引く費用が売上原価です。売上原価は売上高を生み出すために直接にかかった費用になります。製造業における材料費・労務費・製造経費や販売業における仕入高が該当します。ただし、仕入れはしたものの、まだ販売していない商品などは棚卸資産に計上され、売上原価には含まれません。
売上総利益	売上高から売上原価を差し引いた利益が売上総利益です。売上総利益は粗利ともよばれ、会社の商品やサービスが稼いだ利益を表しています。
販売費及び一般管理費（販管費）	販管費は商品やサービスの販売をするために使った費用や、会社を運営・管理するために使った費用で構成されます。具体的には営業部門や管理部門の人件費、商品の広告宣伝費、本社・営業所の水道光熱費や減価償却費などその内容は多岐にわたります。
営業利益	売上総利益から販管費を差し引いた利益が営業利益です。営業利益は会社が本業で稼いだ利益を表しています。
営業外収益・営業外費用	営業外収益は、財務活動など会社の本業の営業活動以外の活動から生じる収益です。預貯金や貸付金の受取利息や株式から得られる受取配当金などが当てはまります。 営業外費用は営業活動以外の活動において継続的に発生する費用です。借入金の支払利息などが当てはまります。
経常利益	営業利益に営業外収益を加え、営業外費用を差し引いたものが経常利益です。経常利益は会社が通常行っている事業で稼いだ利益を表しています。

特別利益 ・ 特別損失	特別利益と特別損失は、会社経営において臨時的に発生した収益や費用です。頻出するのは固定資産売却益や固定資産売却損などです。
税引前当期 純利益	経常利益に特別利益を加え、特別損失を差し引いた利益が税引前当期純利益です。税引前当期純利益は会社の事業活動の全てにおいて稼いだ利益を表しています。
税引後当期 純利益 （最終利益）	税引前当期純利益から法人税、住民税及び事業税を差し引いた利益が、税引後当期純利益（最終利益）です。最終利益は会社の内部留保となります。

④ 損益計算書のチェックポイント

　損益計算書の数値や指標は比較して分析することが重要です。比較には２つの方法があります。その一つは自社比較です。自社の数値について３期比較や５期比較をすることで、何がどう変わったのかを把握し、その理由を分析することで会社がどのような状況にあるのか、今後どのように推移していくのかを予想することができます。

　もう一つの方法は同業同規模同時期の他社比較です。こちらについては、情報の入手が容易ではない場合もありますが、決算書が開示されていたり、信用調査会社等から入手することができれば、他社と比べて自社の数値や指標が適正なのかどうかを検討することができます。いずれの方法による比較も自社の現状を把握し、将来の戦略を立案するためには有用なものです。

自社比較	➡	３期比較や５期比較をし、変化を把握、分析することで、今後の推移を予想することができる。

他社比較	➡	他社と比べて自社の数値や指標が適正なのかどうかを検討することができる。

⑤ 5つの利益について

　5つの利益のどれを重視するのかについては、どのような視点で損益計算書と向き合うかによって異なります。すなわち、会社の商品力がどれだけの儲けをもたらしているかを判断するためには売上総利益が入口になりますし、稼ぎに対して適正な費用の大きさであるのかを判断するためには営業利益に着目するとよいでしょう。また、納税の有無やその多寡を把握するためには税引前当期純利益に着目することになります。

⑥ 売上高に占める利益の比率

　損益計算書の指標として、売上高を100とした場合に、それぞれの利益がどれくらいであるのかを計算したものです。具体的には次のような指標があります。

❶ 売上総利益率・原価率

$$\text{売上総利益率（粗利率）} = \frac{\text{売上総利益}}{\text{売上高}} \times 100$$

$$\text{原　価　率} = \frac{\text{売上原価}}{\text{売上高}} \times 100$$

　売上総利益率は粗利率ともいわれ、取り扱う商品やサービスそのものの収益力を表しています。なお、売上総利益率と原価率は裏表の関係にあり、この2つの指標の合計は必ず100％になります。売上総利益率は業種や扱っている商材に

よって大きく異なり、サービス業のように原材料をあまり使用しない業種の場合は高く、卸売業のように仕入れた大量の商品をそのまま販売するような業種の場合には低くなります。

❷ 売上高営業利益率

$$売上高営業利益率 = \frac{営業利益}{売上高} \times 100$$

会社の本業による収益力を表しています。中小企業に限ると、製造業の場合は4％前後、卸売業・小売業の場合は1〜2％が平均値となります。粗利率が適正であるのに、営業利益率が低い場合には、人件費や諸経費の割合が高いことなどの理由が考えられます。

❸ 売上高経常利益率

$$売上高経常利益率 = \frac{経常利益}{売上高} \times 100$$

会社の財務活動も含めた、通常ベースにおける総合的な収益力を表しています。中小企業に限ると、製造業の場合は5％前後、卸売業・小売業の場合は2〜3％が平均値となります。

決算書を従業員に開示・説明している中小企業の経営者は、必ずしも多くはないと思います。その是非はともかくとして、経理担当者は決算に携わることで、決算書の内容を把握し、会社の状況を認識することができます。その意味においては、社内において会社の状況を正確に把握できる数少ない人間です。その職責を会社の成長のために有効に活用いただきたいと思います。

6 帳簿・書類等の保存について

　帳簿・書類は毎年決算を繰り返していると結構なボリュームでたまっていきます。置き場所にも困るし、見返すこともあまりないので決算が終わったら処分したいと思うかもしれませんが、これらは法令で一定期間保存することが義務づけられています。

① 保存の対象となる帳簿・書類

法人税法では帳簿・書類の保存について、次のとおり定めています。

保存の対象となる帳簿	保存の対象となる書類
総勘定元帳	貸借対照表
仕訳帳	損益計算書
現金出納帳	棚卸表
売掛金元帳	注文書
買掛金元帳	契約書
固定資産台帳	領収書
売上帳	請求書
仕入帳　など	見積書　など

保存期間		該当の事業年度の申告書提出期限（通常は決算日の翌日から2か月後）の翌日から7年間です。ただし、青色繰越欠損金が生じた事業年度分については、10年間の保存が必要です。

❷ 帳簿・書類の保存方法

帳簿・書類の種類ごとに可能な保存方法が異なります。

		紙保存	電子データ保存	スキャナ保存
帳簿	総勘定元帳	○	○	×
	仕訳帳	○	○	×
	現金出納帳	○	○	×
	売掛金元帳	○	○	×
	買掛金元帳	○	○	×
	固定資産台帳	○	○	×
	売上帳	○	○	×
	仕入帳	○	○	×
書類	貸借対照表	○	○	×
	損益計算書	○	○	×
	棚卸表	○	○	×
	注文書	紙での受渡しに限り○	○	○
	契約書	紙での受渡しに限り○	○	○
	領収書	紙での受渡しに限り○	○	○
	請求書	紙での受渡しに限り○	○	○
	見積書	紙での受渡しに限り○	○	○

　自己作成の帳簿及び貸借対照表・損益計算書・棚卸表等の決算関係書類は紙による保存が可能です。また、紙で交付・受領した注文書・契約書・領収書・請求書・見積書もそのまま紙で保存して差し支えありません。

❸ 電子帳簿保存法について

❶ 電子取引データの保存について―強制

注文書・契約書・領収書・請求書・見積書等について、電子メールでの交付・受領など電子取引データとして授受した場合には、原則として電子取引データを保存要件に従って保存する必要があります。

電子取引データの保存要件	データの改ざん防止措置の実施	タイムスタンプ付与、履歴が残るシステムでの授受及び保存、改ざん防止のための事務処理規定の策定及び運用などの対応が必要です。
	検索機能の確保	データを「日付・金額・取引先」で検索できるようにする必要があります。データに規則的なファイル名を付す方法や、表計算ソフト等で索引簿を作成しておく方法になります。なお、税務調査の際に電子取引データのダウンロードの求めに応じることができる場合で、基準期間（通常は2年前）の売上高が5,000万円以下の事業者は検索機能の確保は不要です。
	ディスプレイ・プリンタ等の備え付け	一般的な会社であれば日常使用していると思いますので問題ないでしょう。

❷ 帳簿・書類の電子保存について―任意

会計ソフトを用いて作成する帳簿や、パソコンを使用して作成し取引先に交付した書類（請求書・納品書・領収書など）の控えは、印刷せずに電子データのまま保存することができます。

帳簿・書類の電子保存の要件	自己が一貫してパソコンで作成した帳簿・書類であること。作成する過程で手書きの記録が含まれる場合には対象になりません。
	システムの取扱説明書などシステム関係書類を備え付けてあること。
	データを速やかに見読できる環境と、ダウンロードの求めに応じることができること。

　なお、帳簿については、さらにいくつかの要件を満たして「優良な電子帳簿」として電子データを保存している場合に限り、その帳簿に関する過少申告が判明しても過少申告加算税が軽減される措置があります（あらかじめ税務署に届出書を提出する必要があります。）。

❸ 書類のスキャナ保存について─任意

　取引相手から紙で受け取った書類や、自己が紙で取引先に交付した書類の写しについては、書面をスキャナで読み取って電子データに変換して保存することも認められています。

スキャナ保存の要件	書類の受領又は業務の処理完了後概ね7営業日以内に読み取ること。
	タイムスタンプを付与すること。
	訂正・削除の履歴を確認できるシステム、又は訂正・削除ができないシステムを使用すること。

　その他スキャナの性能や読み取りに関する制約、検索機能に関する要件があります。

　　制度上は電子取引データ以外であれば、紙で保存しておけばよいのですが、帳簿・書類の電子データ保存について国は今後もさらに推し進めていくことが予想されますので、電子保存やスキャナ保存を検討してみてもいいでしょう。

　経理業務に携わるうえで、資格は必須ではありません。しかし、資格試験を通して体系的に学ぶことはスキルアップにつながりますし、資格を保有していると採用やキャリアアップが有利になる可能性もあります。ここでは経理業務に関する主な資格を紹介します。

資格	内容
日商簿記 （1級〜3級・ 初級）	経理業務に関する最もメジャーな資格です。3級は商業簿記の基礎知識が内容であるため、保有していると記帳業務をスムーズに進めていけるでしょう。2級は商業簿記と工業簿記が内容となります。取得すると会計に関する十分な知識があるとみなされ、経理担当者として採用される際には大いに役立つでしょう。1級は高度な会計知識を学ぶことができますが、通常中小企業で行う経理業務では使うことのない知識も多いです。会計事務所への転職を考えている方は取得すると有利になるかもしれません。
全経簿記 （上級・ 1級〜3級）	会計専門学校の学生が受験することの多い資格です。全経簿記の上級は日商簿記1級、全経簿記1級〜3級が日商簿記2級〜初級に概ね相当しているといわれています。ただし、難易度は日商簿記の方がやや高いようです。
全商簿記 （1級〜3級）	商業高校の学生が受験することの多い資格です。全商簿記の1級〜3級が日商簿記の2級〜初級に概ね相当しているといわれています。
給与計算検定 （1級〜2級）	給与計算の基本から、給与計算に関わる社会保険、労働に関する法律、給与に関する税務知識を学ぶことができる資格です。
ビジネス 会計検定 （1級〜3級）	簿記検定は財務諸表を作成することに関わる資格ですが、ビジネス会計検定は財務諸表を読み解くことに主眼を置いた資格です。

　これらの資格の取得をきっかけに、税理士や社会保険労務士などの国家資格に興味を持つ方もいます。手に職を持ちたい方もぜひご検討ください。

第2章 税金にまつわる経理のお仕事

1 ざっくりと知っておきたい会社と税金①
～法人三税について～

　一口に税金といっても、世の中には（うんざりするくらい）様々な名称の税金が存在することは日常生活においてもイメージできるかと思います。会社も様々な種類の税金を支払っています。ここでは会社が支払う税金についてその内容を具体的に説明します。

　なお、税金は、課税主体が国である「国税」と地方自治体である「地方税」に大別されます。また、各種税金は税額を計算して納付しますが、税額は通常「課税標準」に「税率」をかけて計算するということを覚えておいてください。

　まずは、会社の儲けに対して課せられる税金を紹介します。

❶ 法人税

　法人の一事業年度の事業活動で得た所得に対して課税される国税です。法人の所得とは益金から損金を引いた金額のことです。この益金と損金というのは法人税独自の概念であり、会計上の収益と費用と似ていますが、細かいところで若干異なります。そのため実際には会計上の収益から費用を引いた利益に、法人税法の規定に基づく各種調整を行って法人の所得を算出します。詳細は ❹・❺ で説明します。

　法人税の課税標準は所得金額です。税率は、中小企業（資本金が1億円以下の法人など）の場合、所得金額が800万円以下の部分については15%、所得金額が800万円を超える部分については23.2%です。

> **法人税額 ＝ 所得金額 × 税率（15%、23.2%）**

❷ 地方法人税

いかにも地方税のような名称ですが国税です。地方法人税の課税標準は法人税額であり、税率は10.3%です。

地方法人税額 ＝ 法人税額 × 税率（10.3%）

❸ 法人事業税

地方税であり、事務所等が所在する都道府県に申告・納付します。法人事業税は外形標準課税適用法人という資本金の額が1億円を超える法人や電気・ガス供給業等の一定の法人と、それ以外の中小企業では計算の方法が異なります。

通常の中小企業の場合、課税標準は所得金額です。税率は所得金額が400万円以下の部分については3.5%、400万円を超え800万円以下の部分については5.3%、800万円を超える部分については7.0%を標準税率としています。なお、都道府県によっては、会社の規模によって標準税率より高い超過税率を採用している場合や、累進ではなく一律で高い税率を課す場合もあります。

法人事業税額 ＝ 所得金額 × 税率（3.5%、5.3%、7.0%）

❹ 特別法人事業税

実務上は法人事業税とセットで取扱い、事務所等が所在する都道府県に申告・納付しますが、実は国税です。地方税であると思っている税理士もいるかと思いますし、地方税であると思いこんでいても特段実務に悪影響はありません。

話が横道にそれました。特別法人事業税の課税標準は、標準税率により計算した法人事業税の税額です。税率は通常の中小企業の場合は37.0%です。

特別法人事業税 ＝ 法人事業税額 × 税率（37.0%）

⑤ 法人都道府県民税

地方税であり、事務所等が所在する都道府県に申告・納付します。厳密には東京都とその他の道府県で法律上の根拠規定が異なるのですが、実務上は特に意識することなく一緒に取り扱います。

法人都道府県民税には法人税割と均等割の２つがあります。

法人税割は基本的には法人税額を課税標準としています。税率は東京23区に事務所がある場合を除いて、1.0％が標準税率ですが、法人事業税と同様に会社の規模によって最大2.0％の超過税率を課す都道府県もあります。なお、東京23区内に事務所がある場合の税率は、市町村民税相当分を加えた標準税率7.0％（超過税率10.4％）となります。

$$\text{法人都道府県民税 法人税割額} = \text{法人税額} \times 1.0\%$$

均等割は、資本金等の額（東京23区内は資本金等の額に加えて従業者数を加味）に応じて税額が定められており、仮に赤字の会社であっても支払わなくてはなりません。

$$\text{法人都道府県民税 均等割額} = \text{資本金等の額に応じて定められている}$$

⑥ 法人市町村民税

地方税であり、事務所等が所在する市町村に申告・納付します。法人都道府県民税と同様に法人税割と均等割の両方が課されます。

法人税割は基本的には法人税額を課税標準としています。税率は6.0％が標準税率ですが、会社の規模に応じて最大8.4％の超過税率を課す市町村もあります。

$$\begin{array}{|c} \text{法人市町村民税} \\ \text{法人税割額} \end{array} = \text{法人税額} \times 6.0\%$$

均等割は、資本金等の額と従業者数を基に税額が定められています。

$$\begin{array}{c} \text{法人市町村民税} \\ \text{均等割額} \end{array} = \begin{array}{c} \text{資本金等の額と従業者数を} \\ \text{基に定められている} \end{array}$$

法人都道府県民税と法人市町村民税を合わせて法人住民税とも呼びます。

❼ 法人三税とは

　法人税（地方法人税を含みます。）・法人事業税（特別法人事業税を含みます。）・法人住民税を総称して「法人三税」と呼ぶこともあり、損益計算書上では「法人税、住民税及び事業税」や「法人税等」の勘定科目を用いて表記されます。

　「法人三税」の申告・納付期限は、通常決算日の翌日から２か月以内です。このうち法人税（地方法人税を含みます。）は本店所在地の所轄税務署に対してのみ申告・納付します。一方で法人事業税（特別法人事業税を含みます。）と法人住民税については、事務所等の所在する自治体に申告・納付することになるのですが、これらは本店に限らず支店や工場などの所在する自治体にも申告するため、複数の事務所等を有する会社の場合にはその課税標準となる所得金額や税額を按分して計算することになります。

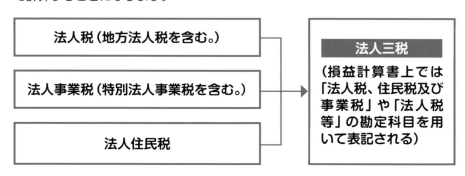

34

■会社の儲けに基づいて課せられる税金
（大阪市に所在する資本金1,000万円超1億円以下の普通法人の場合）

申告・納付先	税 目		課税標準	税 率
国	法人税		所得金額	15.0%、23.2%
	地方法人税		法人税額	10.3%
都道府県	都道府県民税	法人税割	法人税額	1.0%～2.0%
		均等割	7.5万円	
	法人事業税		所得金額	3.5%～7.48%
	特別法人事業税		法人事業税額	37.0%
市町村	市町村民税	法人税割	法人税額	6.0%～8.2%
		均等割	13万円又は15万円	

⑧ 実効税率とは

「実効税率」という言葉を聞いたことのある方も多いかと思います。「実効税率」とは法人の所得に対する税負担率を指す用語ですが、ここでの税負担とは法人三税の負担額を指します。

実効税率は、次の計算式によって計算することができます。

$$実効税率 = \frac{\{法人税率 \times (1+法人住民税率+地方法人税率)+法人事業税率\}}{(1+法人事業税率)}$$

実際には、自治体によって税率が異なることや、法人の規模や所得の大きさによって適用される税率が異なるため、上記の計算式で計算するのは煩雑です。

目安として、財務省によると令和5年1月現在で日本の大法人の法人実効税率は、29.74%であるとのことですが、中小企業の場合はこれよりも若干小さくなります。したがって、極めてざっくりと法人税等の金額を把握したい場合には、所得金額の25%～30%の税金がかかると考えておけばいいでしょう。

ざっくりと知っておきたい会社と税金 ②
〜法人三税以外の税金について〜

ここでは会社が負担する「法人三税」以外の税金について
紹介します。

❶ 消費税及び地方消費税

　消費税及び地方消費税を総称して「消費税等」と呼びます。消費税率が10%と
なって久しいですが、その内訳は消費税（国税）7.8%、地方消費税（地方税）2.2%
相当となっています。飲食料品や定期新聞などは軽減税率が適用され、その税率
は8%（国税6.24%、地方税1.76%相当）となっています。消費税等はいずれも
併せて所轄税務署に対して申告・納付します。

	消費税（国税）	地方消費税（地方税）
消費税率10%の内訳	7.8%	2.2%
軽減税率8%の内訳	6.24%	1.76%

軽減税率8%の適用対象		**飲食料品や定期新聞など**

　消費税は課税標準に税率をかけて計算します。消費税の課税標準は、「課税資産
の譲渡等の対価の額」とされており、具体的にはモノを売ったり、貸し付けたり、
サービスを提供したことによる税抜代金の額となります。

　ただし、税額から会社の事業に係る仕入れや経費、固定資産の取得などに支
払った代金に含まれる消費税額を差し引くことができます。計算の詳細について
は **6**・**7**・**8** で説明します。

消費税等は「法人三税」と同様に、原則的には決算日の翌日から2か月以内に申告・納付する必要があります。

② 事業所税

　会社に関する税金としてはややマイナーな部類に属します。名称は事業税と類似していますが全く性質の異なる税金です。

　事業所税とは、市町村に申告・納付する地方税ですが、人口が概ね30万人以上の都市に事業所を有する会社にのみ課されます。事業所税には資産割と従業者割があります。資産割の課税標準は事業所用家屋の床面積です。課税標準である面積（㎡）に所定の税率をかけて計算しますが、床面積が1,000㎡以下の場合には課されません。

　従業者割の課税標準は、課税期間中の従業者の給与総額です。従業者の給与総額に所定の税率をかけて計算しますが、従業者数が100人以下の場合には課されません。

　したがって、中小企業で事業所税が課せられるケースは、都市部に製造業で工場を保有している場合や卸売業で倉庫を保有している場合などにしばしば見受けられます。

	課　税　標　準
資 産 割	事業所用家屋の床面積（床面積が1,000㎡以下の場合には課税なし。）
従業者割	従業者の給与総額（従業者数が100人以下の場合には課税なし。）

　事業所税は決算日から2か月以内に申告・納付する必要があります。

続いてここからは決算に伴って納付することとなる税金以外の税金について紹介します。

　市町村に納付する地方税です。会社が自社ビルや工場などの不動産を保有する場合に課されます。対象となる資産は1月1日時点で保有している土地や建物です。

　固定資産税の課税標準は、対象となる土地や家屋ごとに市町村が定める固定資産税評価額です。税率は1.4%ですが、都市部では固定資産税と併せて都市計画税が0.3%課せられます。

> **固定資産税額 ＝ 固定資産税評価額 × 1.4%**
>
> **都市計画税額 ＝ 固定資産税評価額 × 0.3%**

　毎年4月～5月ごろに市町村から納税通知書が送られてきますので、通知された税額を年4回（4月、7月、12月、2月（市町村により異なる場合があります。））又は全納で納付することになります。

　基本的に申告等はなく、税額も市町村が計算しますので、経理担当者としては、通知書が来たら忘れずに納付することぐらいでよいでしょう。

　厳密には固定資産税の一部であり、市町村に納付する地方税ですが、機械工具、器具備品、建物附属設備などの償却資産に対して課される固定資産税を、土地や建物に対する固定資産税と区別して償却資産税と呼びます。対象となる資産は1月1日時点で保有している償却資産です。固定資産税との違いは、保有する償却資産について毎年1月に市町村に申告する必要があることです。申告すべき内容は、取得又は減少した資産の種類・取得価額・耐用年数などです。

　償却資産税の課税標準額は、対象となる償却資産の取得価額に、耐用年数ごとに定められた減価残存率をかけて算出されます。一見ややこしそうですが、課税標準額は市町村が算出しますのでさほど心配はいりません。ただし、償却資産を保有している限り永遠に課税されますので、既に処分した償却資産などは減少した旨を忘れずに申告する必要があります。なお、税率は1.4%で都市計画税は

ありません。また、納付時期は固定資産税と同様です。

$$償却資産税額 = 取得価額 \times 減価残存率 \times 1.4\%$$

⑤ 印紙税

これまで紹介してきた税金は決まった時期に申告・納付する税金でしたが、印紙税は少し毛色が異なります。印紙税とは、法律で定められた文書を紙で作成した際に課税される国税です。中小企業でよくみられる課税対象となる文書は、契約書や領収書でしょう。課税額は文書の種類や記載されている内容（金額等）などによって異なります。

$$印紙税額 = 文書の種類や記載されている内容（金額等）などによる$$

納税の方法は、文書を作成した際に、当該文書に課税される税額分の収入印紙を購入し、当該文書に貼付し、それに消印をすることで納税完了となります。会社の日常の取引において文書を作成する機会は頻出しますので、経理担当者としては印紙を貼付すべき文書かどうかの判断、正しい税額の印紙を貼付すること、忘れずに消印することが重要でしょう。

消印を
お忘れなく！

契約書

なお、購入はしたものの期末時点で未貼付の収入印紙は貯蔵品に計上すべきですので、こちらもご注意ください。

本項で述べた税金のうち、事業所税・固定資産税（都市計画税）・償却資産税・印紙税は記帳する際には「租税公課」という勘定科目で処理し、いずれも会社の経費となります。

会社に関わる税金を色々とみてきましたが、ここでは、納税義務者は会社であるけれども、会社が直接負担するわけではない税金について紹介します。

① 源泉所得税

　会社が支払う税金という意味では源泉所得税が最も多額の税金である会社も多いでしょう。所得税は、個人の所得に対して課される税金です。個人事業者などは年に一度確定申告をすることで所得税を計算して納税しますが、従業員の給与や退職金、個人事業者に支払う一定の報酬等については、これらを支払う会社があらかじめ一定額を徴収（源泉徴収）して原則毎月国に納付します。この徴収する所得税のことを源泉所得税といいます。

　したがって、源泉所得税の負担者は会社の従業員や会社から報酬を受ける事業者ですが、会社は彼らに成り代わって源泉所得税を納付する義務を負っています。

負　担　者	納付義務者
会社から給与を受け取る従業員や 会社から報酬を受ける事業者	会　社

　従業員の給与に関する源泉所得税の詳細については第3章で説明しますので、ここでは退職金と個人事業者に支払う一定の報酬等に関する源泉所得税について紹介します。

❶ 退職金について

　退職金の源泉所得税の計算は少し特殊であり、退職金の支給額に加えて、勤続年数が加味されて税額が決まります。税額を計算するためには、まず退職所得の金額を計算します。

退職所得の原則的な計算方法

$$(退職金の額 - 退職所得控除額) \times \frac{1}{2} = 退職所得の金額$$

　退職所得控除額とは、退職金の金額から控除できる金額で、勤続年数が長いほど控除額は大きくなります。

　なお、勤続年数が5年以下で一定の条件に当てはまる場合や、同年中に複数の退職金を受け取る人については、計算方法が異なります。

退職所得控除額の計算方法

勤続年数が20年以下の場合	40万円×勤続年数（80万円未満の場合は80万円）
勤続年数が20年超の場合	800万円＋70万円×（勤続年数－20年）

※端数の勤続年数は1年に切り上げます。

　退職所得の金額を計算したら、下記の計算式で税額を計算します。

$$(退職所得の金額 \times 所得税率 - 控除額) \times 102.1\% = 退職所得に係る源泉所得税の額$$

所得税率と控除額は次のとおりです。

退職所得金額（1,000円未満切捨て）	税率	計算上の控除額
1,000円から　1,949,000円まで	5％	0円
1,950,000円から　3,299,000円まで	10％	97,500円
3,300,000円から　6,949,000円まで	20％	427,500円
6,950,000円から　8,999,000円まで	23％	636,000円
9,000,000円から　17,999,000円まで	33％	1,536,000円
18,000,000円から　39,999,000円まで	40％	2,796,000円
40,000,000円以上	45％	4,796,000円

なお、この方法で退職所得に係る源泉所得税額を計算できるのは、退職者が会社に「退職所得の受給に関する申告書」を提出した場合です。「退職所得の受給に関する申告書」を提出しなかった場合には、退職金の額の20.42％の税額を源泉徴収する必要があります。

❷ 個人事業者に支払う一定の報酬について

　会社が個人事業者に支払う報酬等のうち、源泉徴収が必要な報酬等の範囲については次のとおりです。なお、同様の名目でも法人に支払う場合には源泉徴収する必要はありません。

1	**原稿料、翻訳料、講演料、デザイン料、著作権使用料など** 作家に原稿料を支払う場合や大学教授などに講演料を支払う場合、商品開発にあたってデザイナーにデザイン料を支払う場合などで目にする機会があるかもしれません。
2	**弁護士等の特定の資格を持つ人などに支払う報酬・料金** いわゆる士業に支払う顧問料・手数料・その他の報酬が該当します。中小企業が支払う報酬で最も目にする機会が多いのはこのカテゴリでしょう。対象となる士業とは、次のとおりです。 イ　弁護士、公認会計士、税理士、社会保険労務士、弁理士、測量士、建築士、不動産鑑定士、技術士など ロ　司法書士、土地家屋調査士、海事代理士 （注）　イとロのグループで税額の計算方法が若干異なります。また、行政書士に対する報酬は源泉徴収が不要であることもポイントです。
3	**社会保険診療報酬支払基金が支払う診療報酬**

4	**スポーツ選手、モデルや外交員などに支払う報酬・料金** 外交員とは、一般に継続的に会社からの委託を受けて外回りの営業を行い、歩合制で報酬が決まる個人を指します。保険会社や不動産販売会社の営業員への報酬が該当しますが、固定給部分は報酬ではなく給与とされます。
5	**俳優・タレントへの報酬・料金や芸能プロダクションを営む個人に支払う報酬・料金**
6	**ホステス等に支払う報酬・料金** クラブやキャバクラを経営する会社がホステスやキャバ嬢、コンパニオンなどのいわゆるナイトワーカーに支払う報酬です。
7	**プロ野球選手の契約金など、役務の提供を約することにより一時に支払う契約金** 中小企業には一見関係なさそうですが、個人と専属契約等を結び支払う契約金全般がこのカテゴリに該当するため、例えば販売員に対し引抜き防止のために支給した慰留金は契約金として源泉徴収の対象となります。
8	**広告宣伝のための賞金** 個人に対し、製品や事業の内容を広告宣伝するための賞金を支払う場合が該当します。

　これらの報酬等の他に、謝礼、研究費、取材費、車代などの名目で支払った場合にも、その実態が報酬等と同じであれば源泉徴収の対象になります。
　源泉徴収すべき所得税額の計算方法は、上記のカテゴリによって若干異なりますが、基本的には報酬等の額に所定の税率をかけて計算します。

この場合の報酬等の額が消費税等の対象である場合は、原則として、税込金額が源泉徴収の対象となります。ただし、請求書等において、報酬等の額と消費税等の額が明確に区分されている場合には、税抜金額を源泉徴収の対象としても構いません。

　経理担当者の実務としては、これらの報酬を支払う際には、支払先の個人から請求書を受領するかと思います。その請求書に源泉徴収税額が記載されていれば、それを確認してください。もしこれらの報酬に該当する可能性があるにもかかわらず、源泉徴収税額の記載がない場合には、支払先の個人に確認したほうがいいでしょう。

　これらの報酬から徴収した源泉所得税は、原則として報酬等の支払月の翌月10日までに給与等の源泉所得税と併せて納付する必要があります。納付が漏れた場合には不納付加算税という罰則的な税金を支払うことになりますので、注意が必要です。

② 個人住民税

　従業員の所得に対する個人住民税です。源泉所得税と同様に、従業員の給与から徴収しますが、納付先は従業員が居住する市町村になります。毎年5月ごろに従業員の居住する各市町村から住民税の特別徴収額の決定通知書が届きますので、そこに記載された金額を6月以降毎月給与から天引きすることになります。納付期限は原則として、給与支給月の翌月10日です。

　ここまで中小企業に関係する様々な税金についてざっくりと紹介してきました。会社にはこれらの税金に関して税務署・自治体から関係書類が頻繁に送付されてきます。経理担当者としては、それぞれの税金の概要を把握しつつ、経営者に説明できるようにするとともに、申告・納付期限に気を配りながら業務を進めていく必要があるでしょう。

4 ざっくりと知っておきたい法人税 ①
〜益金と損金について〜

ここでは法人税の課税標準である「所得金額」について詳しく解説します。既に述べたとおり法人税の所得金額は決算書などの会計上の利益（当期純利益）とは似て非なるものとなります。

① 会社の利益と法人税の所得の関係

会計上の利益と法人税の所得の関係は次の図のとおりです。

会　計	収　益 （売上・収入）	－	費　用 （原価・経費・損失）	＝	当期純利益
	‖		‖		‖
法人税	益　金	－	損　金	＝	所得金額

収益と益金の範囲は概ね重なりますが全く同じではなく、費用と損金の範囲もまた概ね重なりますが全く同じではないため、当然に当期純利益と所得金額は同じにはならないのです。

そのため法人税の所得金額を計算するためには、会計の当期純利益を出発点として次の図のイメージで加算・減算する作業を進めます。

	当期純利益
加　算	益金であるが収益でないもの
	損金でないが費用であるもの
減　算	益金でないが収益であるもの
	損金であるが費用でないもの
	法人税の所得金額

所得金額の計算手順がわかったところで、会計と法人税の差異について、頻出する項目を中心に具体例を紹介します。

② 加算項目〜法人税の益金であるが会計の収益ではないもの

　実務上この項目で定常的に該当するものはほとんどありません。イレギュラーですが、会計上で計上が漏れてしまった売上高などについて、後日修正申告書を提出する際に当該売上高相当額を益金として加算することがあります。

③ 加算項目〜法人税の損金ではないが会計の費用であるもの

　加算の中心となるのはこの項目になります。

❶ 法人税（地方法人税含む）及び法人住民税

　これらの税金は会計上「法人税等」の勘定科目を用いて収益から差し引きますが、法人税上は損金にならないものとされていますので、当期純利益に加算します。

　「あれ？法人事業税は？」と思われた読者の方はとても鋭いです。「法人三税」のうち、法人事業税（以下特別法人事業税を含みます。）のみは損金となる税金ですので、加算はしません。

※ただし、法人事業税は実際に申告を行った事業年度（通常は決算から２か月後）での損金算入となりますので、期末に会計上で「法人事業税／未払法人税等」として未払処理を行った場合には、加算する必要があります（決算日時点ではまだ申告をしていないため）。この場合は、申告をした翌期に前期に加算した金額と同額を減算することとなります。

❷ 各種加算税・延滞税など罰則的要素の強い税金、罰金等

　加算税とは、本来の税金の納付額よりも少ない、あるいは、税務申告をしていなかった場合などに、本来の税金に加えて、懲罰的に課せられる税金です。また、延滞税は、税金を滞納した際に滞納税額に対する利息相当として課せられる税金です。これらの税金を支払った際には、会計上は租税公課として費用で処理しますが、法人税上は損金にならないため、当期純利益に加算します。

　同様に交通違反に係る反則金などの罰金等も損金にはならないため加算します。

加算税	本来の税金に加えて、懲罰的に課せられる税金	法人税上は損金にならない
延滞税	税金を滞納した際に滞納税額に対する利息相当として課せられる税金	

❸ 役員給与

　役員給与は会計上「役員報酬」などの勘定科目を用いて費用処理しますが、法人税上は、定期同額給与、事前確定届出給与、業績連動給与のいずれかに該当する場合にのみ損金にすることを認めています。

	種　類	内　容
イ	定期同額給与	定期給与で各支給時期における支給額が同額である給与。（つまり毎月同額である場合）
ロ	事前確定届出給与	イとハをのぞく給与で、所定の時期に確定額を支給する給与（一般従業員でいう賞与のイメージ）。事前に税務署への届出が必要。
ハ	業績連動給与	利益に連動した給与。利益に対する取り決めの「有価証券報告書」への記載が必要。

　基本的に役員の月給はイの定期同額給与になります。定期同額給与は原則として年に1度、事業年度開始から3か月以内であれば変更することができます。つまりその時期に決めた役員給与を1年間継続しなくてはいけないのです。上記のイ～ハに該当しない役員給与を支給した場合には、損金になりませんので当期純利益に加算します。

❹ 交際費

　交際費は、会計上は費用ですが、法人税上は原則として損金になりません。しかし、中小企業（資本金1億円以下）は、特例として年間800万円までは損金にすることができます。したがって、800万円を超えた場合には、その超えた部分は損金になりませんので、当期純利益に加算します。

| 交際費 | ➡ | 原則として損金になりません。
ただし、中小企業（資本金1億円以下）は、特例として年間800万円までは損金にすることができます。 |

　なお、参加者1人当たり5,000円以下（令和6年4月1日以後は1万円以下）の飲食費は、年間800万円までの枠に含める必要がなく、一定の帳簿記載要件さえ満たしておけば、会社の損金にできます。

❺ 寄附金

　会社が個人や団体に寄附をした場合には、会計上は寄附金という費用になります。一方で法人税上は、国や地方公共団体への寄附金と指定寄附金（公益性の高さから国が特別に指定した寄附金）はその全額が損金になりますが、それ以外の寄附金は一定の限度額までしか損金になりません。よって限度額を超えた部分については、当期純利益に加算します。なお、限度額は資本金等の額と所得金額などに基づいて計算されますので、赤字の場合は損金にできる限度額が特に小さくなります。

❻ 各種引当金の繰入額

　引当金とは将来発生すると見込まれる費用をあらかじめ見越して計上するものです。代表的な引当金として、貸倒引当金・退職給付引当金・賞与引当金などがあります。会計上はこれらの引当金を計上する際には、〇〇引当金繰入額という費用が計上されるのですが、これらの費用は法人税上損金になりませんので当期純利益に加算します。

　ただし、特例として引当金のうち、貸倒引当金は中小企業（資本金1億円以下の会社）に限って、一定の繰入限度額までであれば損金にすることができます。したがって、実務上は法人税上の繰入限度額に合わせた金額を、会計上の貸倒引当金繰入額として計上するケースがしばしば見受けられます。

| 各種引当金 | ➡ | 損金になりません。
ただし、貸倒引当金は中小企業（資本金1億円以下の会社）に限って、一定の繰入限度額までであれば損金にすることができます。 |

④ 減算項目～法人税の益金ではないが会計の収益であるもの

❶ 法人税（地方法人税含む）及び法人住民税、所得税額等の還付金額

これらの税金は加算の項目で紹介したとおり、支払っても損金にならないのですが、逆に申告内容によっては、中間納付した税金などが確定申告で還付となり返ってくることがあります。この場合、会計上は雑収入などの収入科目として処理しますが、税務上は益金になりませんので、当期純利益から減算します。ただし、法人事業税の還付額は益金になりますので減算しません。

❷ 受取配当金

会社が子会社株式や上場企業の株式を保有していて配当金を受け取った場合には、通常、会計上は受取配当金として営業外収益に計上します。ただし、法人税上はその保有する株式の性質により、一定額を益金から除外しています。一例として完全子会社（発行済株式の100％を保有）から受け取る配当金についてはその全額が、益金不算入となります。また、上場会社の株式を投資目的等で保有（発行済株式の5％以下を保有）している場合には配当金額の20％が益金不算入となります。

したがって、益金不算入となる一定額を当期純利益から減算します。

完全子会社（発行済株式の100％を保有）から受け取る配当金		配当金額の全額が益金不算入となります。
投資目的等で保有している上場会社の配当金		配当金額の20％が益金不算入となります。

❸ 各種引当金の戻入額

これは加算の項目で述べた繰入額の加算と逆の処理となります。つまり会計上は各種引当金を取り崩す際には、○○引当金戻入額という収益が発生しますが、法人税上は益金になりませんので、当期純利益から減額します。

⑤ 減算項目～法人税の損金であるが会計の費用ではないもの

● 未払法人税等に計上した法人事業税を支払った場合

　加算の項目で述べたとおり、法人事業税は実際に申告を行った事業年度の損金になります。したがって、決算の際に未払法人税等に計上した事業税を翌期に申告・納付した際には、会計上は「未払法人税等／現金預金」という仕訳となり、未払法人税等という負債科目の取崩しでしかなく費用は発生していないのですが、法人税上は申告額を損金として当期純利益から減算します。

⑥ 繰越欠損金の控除について

　申告する際には、決算書の当期純利益に対して上記の加算・減算項目を調整しますが、それに加えて過年度の繰越欠損金がある場合にはそれを控除することができます。

　なお、繰越欠損金を控除するためには、欠損金額が生じた事業年度において青色確定申告書を提出し、かつ、その後の各事業年度について連続して確定申告書を提出している必要があります。

繰越欠損金	繰越欠損金とは、申告において所得金額が欠損（マイナス）となった場合に、その欠損部分を翌事業年度以降の所得金額と相殺できるものです。この繰越欠損金は最長で10年間繰り越すことができます。

　したがって、極めてざっくりというと、次のような式で所得金額は求められます。

$$当期純利益 + 加算項目 - 減算項目 - 繰越欠損金 = 所得金額$$

別表４

　法人税確定申告書の別表４という明細書が概ね本項で説明した内容と同じ作りになっています。自社の申告書を見る機会がある経理担当者の方は、ぜひ参考にしていただければよりイメージが湧くのではないかと思います。

5 ざっくりと知っておきたい法人税②
～税額控除と減価償却について～

❹ で計算した所得金額に ❶ で述べた税率をかけることで法人税は計算されます。しかし、法人税には主に政策的な理由により税金が安くなる制度が各種設けられています。それが法人税額の特別控除（税額控除）です。ここでは、中小企業の申告において頻出する税額控除についてざっくりと紹介します。

❶ 中小企業者等の給与等の支給額が増加した場合の特別控除

いわゆる「賃上げ促進税制」です。これは前年度と比較して従業員に支給する給与等の額が一定比率以上増加していれば、法人税額が減額される制度です。登場する頻度としてはキング・オブ・税額控除といっていいでしょう。

原則	従業員への給与等支給額が前年度よりも1.5％以上増加		増加した給与等支給額の15％を法人税額から控除
上乗せ①	従業員への給与等支給額が前年度よりも2.5％以上増加		原則＋増加した給与等支給額の15％をさらに法人税額から控除
上乗せ②	従業員への教育訓練費が前年度よりも10％以上（令和6年度は5％以上）増加		原則＋増加した給与等支給額の10％をさらに法人税額から控除

　原則に加えて、上乗せ①と上乗せ②の全てを満たせば、増加した給与等支給額の40％にあたる金額を法人税額から控除することができます。なお、控除できる税額の上限は、法人税額の20％となります。

　なお、増加した給与等支給額の計算に当たっては、役員の親族である従業員の

給与等は除いて計算する点や、給与等に充てるための補助金等を受給した場合には調整が必要な点などに留意してください。

　優秀な人材確保や従業員の勤労意欲向上に加え、税額の軽減を図ることができる制度ですので、安定した経営環境の会社であれば積極的に活用したい制度です。

❷ 中小企業者等の試験研究費に係る法人税額の特別控除

　試験研究費に関する税制はいくつかありますが、中小企業にかかわりが深いのは、「中小企業技術基盤強化税制」でしょう。

　試験研究費とは、基本的には、「製品の製造又は技術の改良、考案もしくは発明に係る試験研究のために要する費用」等とされています。単なる製品デザインの考案や既存製品の品質管理・製品検査や生産方法・量産方法が技術的に確立している製品を量産化するための費用などは含まれませんので注意が必要です。

　通常は試験研究費の額の12％を法人税額から控除することができます。試験研究費の金額が過去３年の平均金額よりも12％超増加した場合等には、増加率に応じて最大で試験研究費の額の17％を法人税額から控除することができます。

　なお、この税制で控除できる税額の上限は、法人税額の25％となりますが、過去一定期間の平均売上金額に占める試験研究費の割合が10％を超える場合には、法人税額の35％が上限となります。

❸ 中小企業者等が機械等を取得した場合の法人税額の特別控除

　「中小企業投資促進税制」と呼ばれる税制です。新品の機械装置などを取得して指定事業の用に供した場合に、法人税額が減額される制度です。

対象資産	機械装置（160万円以上）、測定工具等（120万円以上）、一定のソフトウェア（70万円以上）など
対象業種	製造業・建設業・卸売業・小売業・一定の飲食店業・不動産業など
対象法人	資本金3,000万円以下の法人
控除税額	取得価額の7%
控除上限	法人税額の20%（控除税額が上限を超過した場合には1年間に限り繰越し可能）

　なお、資本金が3,000万円超1億円以下の法人は、税額控除を適用することはできませんが、取得価額の30%を一度に償却できる特別償却の制度が設けられています（特別償却は資本金3,000万円以下の法人も選択可能ですが、税額控除との併用はできません。）。

④ 中小企業者等が特定経営力向上設備等を取得した場合の法人税額の特別控除

　「中小企業経営強化税制」と呼ばれる税制です。イメージとしては「中小企業投資促進税制」のハイグレードなバージョンになります。経営力向上計画の認定を受けた一定の中小企業者が新品の機械装置などを取得して指定事業の用に供した場合に、法人税額が減額される制度です。

対象資産	機械装置（160万円以上）、工具器具備品（30万円以上）、一定のソフトウェア（70万円以上）など	
対象業種	製造業・建設業・卸売業・小売業・一定の飲食店業・不動産業など	
対象法人	資本金3,000万円以下の法人	資本金3,000万円超1億円以下の法人
控除税額	取得価額の10%	取得価額の7%
控除上限	法人税額の20%（控除税額が上限を超過した場合には1年間に限り繰越し可能）	

なお、税額控除に代えて、取得年度で取得価額の全額を減価償却可能な即時償却の制度を選択することもできます。

　「中小企業投資促進税制」と比較すると、事前の経営力向上計画の策定・認定が必要など、手続の煩雑さはありますが、金額の大きな投資を行った際には多額の税額控除が見込めますので狙ってみたいところです。

> 　代表的な税額控除についてざっくりと紹介いたしましたが、実際の税額控除の適用に当たっては、いずれも細かい要件が定められていますので、事前に必ず税理士等に確認するようにしてください。また、税額控除は毎年のように制度内容や要件の改正があり、制度の新設・廃止も頻繁にありますので、必ず最新の情報を確認するようにしてください。

　ここまでを踏まえると中小企業については、次の式によって所得金額から法人税額を計算することができます。

$$\begin{array}{l}\text{800万円}\\\text{までの}\\\text{所得金額}\end{array} \times 15\% + \begin{array}{l}\text{800万円を}\\\text{超える部分}\\\text{の所得金額}\end{array} \times 23.2\% - \begin{array}{l}\text{税額}\\\text{控除額}\end{array} = \begin{array}{l}\text{法人}\\\text{税額}\end{array}$$

❺ 減価償却費の計上について

　会社が保有・使用することによって長期間にわたって収益獲得に貢献するとともに、使用するにつれてその価値が徐々に減少していくものについては、支出時に費用計上するのではなく、固定資産として計上し、使用するに従って資産計上額が徐々に減価償却費に置き換わっていきます。

　法人税では、減価償却費の損金算入について、損金経理（会計上費用として処理すること）が要件とされており、かつ、定められた償却限度額以内であれば損金算入額は会社が自由に決めることができるとされています（任意償却）。つまり、あえて減価償却費を計上しないことも、法人税上は間違った処理ではありま

せん。計上しなかった減価償却費は、その計上が先送りされるだけですので、長い期間でみれば償却額は同じになります。赤字続きの会社などで、経費の計上を望まない（経費を増やしてもその年の税額が少なくならない）場合などには減価償却費を計上しない例も見受けられますが、会社の業績を暦年比較するのが困難になり、金融機関や株主等に利益操作しているようにも見られかねませんので注意が必要です。

❻ 減価償却資産のルール

　支出を資産計上すべきか、それとも費用計上すべきかについては、法人税上のルールがありますので、それに従って会計処理します。資産計上のルールは取得価額と使用可能期間によって分類されます。なお、ここでいう取得価額とは通常取引される1単位ごとに判定し、原則として、その資産の購入代価とその資産を購入及び事業の用に供するために直接要した費用が含まれます。

取得価額	名　称	経理処理	償却資産税の申告
10万円未満	少額の減価償却資産	全額費用処理（消耗品費・事務用品費等）	不　要
10万円以上20万円未満	一括償却資産	事業供用した年度から3年間で均等償却	不　要
20万円以上30万円未満	少額減価償却資産	一事業年度300万円を限度として事業供用年度に全額償却　青色申告法人である中小企業者等のみ適用可能	要
30万円以上	通常の減価償却資産	償却方法と法定耐用年数に従って償却	要

※使用可能な期間が1年未満の減価償却資産については、取得価額に関わらず一時に費用処理が可能。

　10万円未満の支出については、正式には「少額の減価償却資産」という名称ですが、紛らわしいので一般的には「経費」・「費用」などと呼称することが多く、

そもそも固定資産であるという意識があまりないでしょう。消耗品費や事務用品費など内容に即した勘定科目を用いて会計処理します。

　10万円以上20万円未満の支出については、青色申告をする中小企業等（資本金1億円以下・従業員500人以下）の場合「一括償却資産」と「少額減価償却資産」のいずれかを選択することができます。「一括償却資産」を選択した場合、3年間にわたって取得価額が単純に毎年1/3ずつ損金になります。

　「少額減価償却資産」を選択した場合には、支出・事業供用した年度に全額が一時に損金になりますが、年間で300万円までという上限があります。300万円の上限に達した場合は、300万円を超える資産は通常の減価償却資産として償却を行うこととなります。さらに、「少額減価償却資産」は償却資産税の対象となります。

　「一括償却資産」と「少額減価償却資産」のどちらを選択すべきかについては、その事業年度の30万円未満の資産の取得状況が上限に達するかどうか、その事業年度に経費を多く計上したいか、あるいは償却資産税の負担等を総合的に検討して判断することとなります。

　20万円以上30万円未満の支出については、「少額減価償却資産」とすることができます。

　なお、実務上「一括償却資産」や「少額減価償却資産」については支出時にその全額を消耗品費等の費用で処理する会社も多いです。この場合、「少額減価償却資産」は300万円の上限に達しない限り、単年で損金になるため、会計の費用と法人税の損金は一致しますが、「一括償却資産」は、法人税上は単年で取得価額の1/3しか損金にならないところを、会計上は全額費用処理していますので、損金限度額である1/3を超える部分については、申告書で加算することになります（2年目・3年目には逆に減算します。）。

6 ざっくりと知っておきたい消費税 ①
～消費税の基本構造について～

　消費税は、事業者（ここでは＝会社と理解してください）が行う商品の販売や資産の貸付け、サービスを提供した対価について課税される税金です。消費税の納税義務者は事業者ですが、事業者に負担を求めるものではなく、事業者の販売する商品やサービスの価格に税額を上乗せさせることで、最終的に購入する消費者が税を負担する（転嫁される）仕組みとなっています。

　事業者は、売上げに上乗せした消費税を預かって、その預かった消費税から自分が支払った消費税を引いた残りを納付します。

① 消費税が消費者に転嫁される仕組み

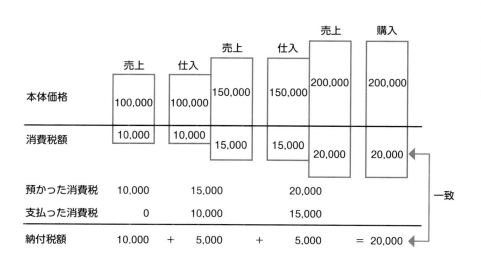

生産者 ➡ 卸売業者 ➡ 小売業者 ➡ 消費者

	売上	仕入	売上	仕入	売上	購入
本体価格	100,000	100,000	150,000	150,000	200,000	200,000
消費税額	10,000	10,000	15,000	15,000	20,000	20,000

預かった消費税	10,000	15,000	20,000	
支払った消費税	0	10,000	15,000	
納付税額	10,000 ＋	5,000 ＋	5,000 ＝	20,000

一致

❷ 消費税がかかる取引・かからない取引

　消費税は事業者が行うすべての取引が対象となるわけではありません。消費税の課税の対象は、国内において事業者が行った資産の譲渡等と特定仕入れと輸入取引です。したがって、これに当たらない取引は不課税取引となります。また、これらに当てはまる取引でも、課税対象になじまないものや社会政策的配慮から消費税を課税しない非課税取引があります。さらに、不課税でも非課税でもないのですが、輸出については、免税取引となり、消費税はかかりません。つまり、事業者が行う取引の内、不課税取引・非課税取引・免税取引のいずれにも該当しない取引が課税される取引です。

消費税が不課税となる取引	● 日本国外で行われた取引 ● 寄附金の支払・受領 ● 単なる贈与 ● 株式等の配当金　など
消費税が非課税となる取引	● 土地の売買代金・貸借料 ● 有価証券等（株式や支払手段）の売買代金 ● 利息・信用保証料の受取・支払 ● 物品切手等の売買代金 ● 国や自治体に対する手数料の支払 ● 病院・診療所などの治療・入院代金 ● 住宅の家賃　など
消費税が免税となる取引	● 輸出取引 ● 免税店での販売　など

❸ 消費税の納税義務者

　すでに述べたとおり、消費税の納税義務者は事業者ですが、全ての会社が消費税を納めているわけではありません。従来、小規模な事業者については消費税の納税義務が免除されていました。しかしながら令和5年10月よりインボイス制度が開始されたことにより、消費税の納税義務者の判定については少し複雑になりました。

令和5年 9月以前	基準期間（通常は2年前）の課税売上高が1,000万円以下 新設等により基準期間がない法人で資本金1,000万円未満	➡	原則、 納税義務なし
令和5年 10月以降	上記であってもインボイス登録事業者の場合	➡	納税義務あり

従来は資本金1,000万円未満で会社を設立した場合、原則的には2年間消費税を納めなくてよかったのですが、インボイス制度の導入によりそう単純にはいかなくなったのです。インボイス制度の詳細については 8 で説明します。

④ 消費税の計算方法（原則課税）

まず課税標準額である「課税資産の譲渡等の対価の額」を計算し、課税標準額に税率をかけることで「課税標準額に対する消費税額」を計算します。なお、軽減税率や旧税率の計算については割愛します。

$$課税売上高の合計額（税込） \times \frac{100}{110} = 課税標準額$$

$$課税標準額 \times 税率7.8\% = 課税標準額に対する消費税額$$

税率は10%じゃないのかと思われた方、鋭いです。消費税の計算は、国税部分と地方税部分を分けて計算することになっており、国税部分を計算した上で、最後に税率の大きさの比で地方税部分を計算する手順になっているため、10%ではなく、その中の国税部分である7.8%をかけて計算します。

消費税には3つの税額控除があります。「課税標準額に対する消費税額」からその3つの税額控除を控除した残りが納付すべき税額となります。

❶ 控除対象仕入税額

　消費税の課税対象となる仕入れや経費などを「課税仕入」といいます。「仕入税額」とは「課税仕入」に係る消費税額のことです。いわゆる自社が支払った消費税です。

$$\text{課税仕入れに係る} \atop \text{消費税額等の合計額} \times \frac{78}{100} + \text{引取りに係る} \atop \text{消費税額}^※ = \text{控除対象} \atop \text{仕入税額}$$

※　引取りに係る消費税額とは、輸入した際に支払った輸入消費税の国税部分の金額です。

　ただし、「支払った消費税」の全額を控除できるとは限りません。消費税は「預かった消費税」から「支払った消費税」を控除することで消費者に転嫁する仕組みを構成していますが、自社の売上げが「非課税売上」の場合には、「預かった消費税」が存在しないため、「非課税売上」に対応する仕入等について「支払った消費税額」は控除することができないのです。

　したがって、概念としては仕入税額のうち「課税売上に対応する仕入税額」のみを区分して控除することになります。具体的な区分の仕組みや計算方法は非常に複雑であるためここでは説明を割愛します。

　なお、課税売上高が5億円未満で、かつ、課税売上割合（売上高全体の内に課税売上高の占める割合）が95％以上の課税期間については、上記に関わらず、仕入税額の全額を控除することができます。したがって、自社の売上げが5億円未満で、非課税売上が受取利息くらいしかないような会社であれば全額控除できると思ってよいでしょう。

❷ 返還等対価に係る税額

返品・売上値引・売上割戻し・売上割引等の課税売上げの減額に伴う消費税の返還額です。

$$
返品等の金額（税込）\times \frac{7.8}{110} = 売上げに係る対価の\\返還等に係る消費税額
$$

❸ 貸倒れに係る税額

売上げを認識して売掛金等の債権に計上したものが貸し倒れた場合には、その債権に含まれる消費税額を控除することになります。

$$
貸倒れの債権金額 \times \frac{7.8}{110} = 貸倒れに係る消費税額
$$

❹ 帳簿・請求書等の保存について

これら3つの税額控除を受けるためには、取引に応じて下記の書類を決算日の翌日から7年と2か月の間保存しなければなりません。

	保存しなければならない帳簿等
控除対象仕入税額	帳簿及び請求書（請求書・仕入明細書・輸入許可書）等
返還等対価に係る税額	帳簿
貸倒れに係る税額	帳簿

帳簿には、取引の相手方の氏名又は名称、取引の年月日、取引に関する資産又は役務提供の内容、取引金額を税率ごとに区分して記載することとなっています。通常、会計ソフトで記帳しますので、これらの項目を摘要欄等に記載していれば問題はないでしょう。

❺ 納付すべき税額について

計算した納付すべき税額は国税部分の消費税額です。この納付すべき税額に

22/78（消費税率10％若しくは軽減税率8％の場合）をかけた金額が地方消費税額になります。消費税額と地方消費税額の合計を納付することとなります。

　なお、高額な固定資産の取得がある場合や、売上げに比して仕入れが過大である場合、輸出売上がある場合などには、課税標準額に対する消費税額よりも控除対象仕入税額が大きくなることがあります。この場合には納付すべき税額がマイナスとなるため、消費税が還付されることとなります。

❺ 消費税の計算方法（簡易課税）

　「預かった消費税」から「支払った消費税」を控除して納付すべき消費税額を計算することが消費税の基本構造なのですが、あまり規模の大きくない事業者にとって仕入税額の控除額を計算することは煩雑で事務手数の負担が大きくなる恐れがあります。したがって、一定規模以下の中小事業者は売上げに係る預かった消費税額のみから納付税額を計算することのできる「簡易課税制度」を選択することが認められています。

❶ 簡易課税制度の適用要件
　基準期間（通常は2年前）の課税売上高が5,000万円以下であり、かつ、原則前期末までに「消費税簡易課税制度選択届出書」を税務署に提出した事業者です。

❷ 簡易課税制度における計算方法

課税標準額に対する消費税額 − （控除対象仕入税額 + 返還等対価に係る税額 + 貸倒れに係る税額） = 納付すべき税額

簡易課税制度はここの計算方法の特例。それ以外は原則と同じ。

（課税標準額に対する消費税額 − 売上げに係る対価の返還等の金額に係る消費税額）× みなし仕入率 = 控除対象仕入税額

　課税標準額に対する消費税額は、売上げに係る消費税額です。つまりざっくりというと正味の売上げに係る消費税額にみなし仕入率をかけた金額を控除対象仕入税額とする制度です。なお、みなし仕入率は事業の種類ごとに下記のとおり定められています。

■みなし仕入率

事業区分	事業区分の内容	みなし仕入率
第1種事業	卸売業	90%
第2種事業	小売業、農業・林業・漁業（飲食料品の譲渡に係る事業に限ります。）	80%
第3種事業	農業・林業・漁業（飲食料品の譲渡に係る事業を除きます。）、鉱業、建設業、製造業、電気業、ガス業、熱供給業及び水道業	70%
第4種事業	第1種事業、第2種事業、第3種事業、第5種事業及び第6種事業以外の事業（飲食店業など）	60%
第5種事業	運輸通信業、金融業及び保険業、サービス業（飲食店業に該当するものを除きます。）	50%
第6種事業	不動産業	40%

　例えば卸売業の場合は第1種に該当し、みなし仕入率が90％ですので、売上げに係る消費税額の90％を控除することができます。したがって、納付すべき税額は預かった消費税の10％ということになります。これならすぐに計算できますね。
　なお、簡易課税制度を選択した場合には、選択した期から通常2年間は強制的に適用され、原則課税で計算することができません。簡易課税制度はあくまでみなし仕入率で計算するため、原則課税で計算した実際の仕入税額よりも控除対象仕入税額が少なくなる可能性もあります。また、その計算方式の性質上、還付になることはありません（予定納税額の還付は除きます。）。したがって、原則課税と簡易課税のどちらが納税額か少なくて済むのかについては、十分な試算をすべきでしょう。

7 ざっくりと知っておきたい消費税 ②
〜記帳業務における留意点〜

6 では消費税の仕組み及び計算方法について説明しました。ここでは日常の記帳業務における消費税の留意点について説明します。

① 消費税の経理方法

　日々の消費税の課税取引を記帳する方法には、「税込経理」と「税抜経理」の2種類の方法があります。

　「税込経理」とは、取引に含まれる消費税の金額を本体価格に含めて処理をします。これに対して、「税抜経理」は、取引に含まれる消費税の金額と本体価格を分けて処理します。

　例えば、20,000円（税抜）の商品を仕入れて、30,000円（税抜）で販売した場合の仕訳を比較してみましょう。税率は全て10%とします。

税込経理	仕入時	仕入	22,000	/	現金	22,000
	販売時	現金	33,000	/	売上	33,000
	決算時	租税公課	1,000	/	未払消費税	1,000

税抜経理	仕入時	仕入	20,000	/	現金	22,000
		仮払消費税	2,000	/		
	販売時	現金	33,000	/	売上	30,000
				/	仮受消費税	3,000
	決算時	仮受消費税	3,000	/	仮払消費税	2,000
				/	未払消費税	1,000

税込経理を選択した場合には、納付すべき消費税額を租税公課（還付の場合は雑収入）として損益処理します。一方で、税抜経理を選択した場合には、仮受消費税と仮払消費税の差額を納付しますので、基本的には損益に影響しません。いずれの経理処理においても、納付すべき消費税額及び所得金額に、理論的な差異は発生しません。

	税込経理の場合	税抜経理の場合	
会計	売上 33,000 仕入 △22,000 租税公課 △1,000 利益 10,000	売上 30,000 仕入 △20,000 利益 10,000	➡同じ！
消費税	預かった消費税 3,000円 － 支払った消費税 2,000円 ＝納付すべき消費税1,000円（未払消費税の額）		➡同じ！

税込経理と税抜経理のいずれを選択するかは、会社が任意に決めることができます。ただし、免税事業者（消費税の納税義務がない事業者）は税込経理が強制されます。

税込経理のメリット	仕訳を見てもわかるとおり税込価格を記帳すればいいだけですので、仕訳の労力は少ないでしょう。
税抜経理のメリット	仮受消費税と仮払消費税の差額が納付すべき税額になりますので、期中においてもおおよその消費税額を把握することが容易であり、資金繰り等を意識するのに便利であるといえるでしょう。また、決算書に記載する売上高が税抜の売上高になりますので、自社の正味の売上高を一目で把握するのにも便利です。

なお、法人税における中小企業の交際費限度800万円の規定や30万円未満の少額減価償却資産の規定などの金額判定はいずれも税込経理の場合は税込金額で、税抜経理の場合は税抜金額で判定することとなっていますので、その点は若干税抜経理の方が有利といえるでしょう。

ちなみに、会計ソフトを用いて記帳する場合には、税抜経理であってもソフト
で設定すれば、税込金額を入力することで自動的に本体価格と仮受（仮払）消費税
に分解して仕訳されますので、税抜経理であってもさほど煩雑とはいえないで
しょう。そのため、簡易課税を適用している事業者を除くと、税抜経理を選択し
ている会社が一般的であるように思われます。

❷ 頻出する消費税区分の注意点

　会計ソフトを用いて記帳をする場合、仕訳にその取引の消費税区分・税率を入
力することになります。一般的には勘定科目に応じてあらかじめ登録された消費
税区分・税率がデフォルトで表示されますが、取引の内容によっては経理担当者
がそれを修正する必要があります。そのため経理担当者は取引に応じた適切な消
費税区分・税率を知っておく必要があります。
　頻出する取引のうち、誤りやすい消費税区分又は税率の一例を以下に紹介し
ます。

取引内容	一般的な勘定科目	消費税区分	税率	解　説
給与等の支払	給与・賃金・賞与・役員報酬・退職金	不課税仕入れ	―	雇用契約に基づく労働の対価であり、「事業」として行う資産の譲渡等の対価ではないため、不課税です。
通勤手当の支給	通勤費・旅費交通費	課税仕入れ	10%	通勤のために通常必要とする範囲内であれば、所得税法上非課税とされる金額を超えている場合であっても、全額課税仕入れとなります。 まれに通勤費は従業員の所得税上の扱いが非課税になることと混同して、全額非課税仕入れにされる方がいますが誤りです。

取引内容	一般的な勘定科目	消費税区分	税率	解　説
食料品の購入	接待交際費・福利厚生費 仕入れ（飲食業等）	課税仕入れ	軽減税率8％	酒類・外食を除く飲食料品は軽減税率の対象となります。お歳暮などの贈答品や従業員への差入れなどで食料品を購入するケースが当てはまります。
新聞の購読	新聞図書費	課税仕入れ	軽減税率8％	定期購読契約が締結された週2回以上発行される新聞は軽減税率の対象となります。コンビニや駅の売店で販売している新聞は10％です。
郵便切手・ハガキの購入	通信費	課税仕入れ（原則は購入時非課税・使用時課税）	10％	郵便切手・ハガキ・レターパックの購入は、原則的にはその購入時点では非課税仕入れであり、使用時に課税仕入れとするのですが、継続して購入時点で課税仕入れとする処理をしている場合には、その処理も認められます。したがって、実務上は、購入時に課税仕入れとするのが一般的です。
商品券の購入	接待交際費（贈答用） 貯蔵品（自社利用）	非課税仕入れ（自社利用の場合は使用時に課税仕入れ）	－	贈答用に商品券やビール券を購入した場合には非課税仕入れとなります。自社利用の場合には、商品券の購入時は貯蔵品・商品券等の科目を用い非課税仕入れとし、後日商品券を使って買い物した際に、消耗品費などで課税仕入れとします。
香典・見舞金の支払	接待交際費・福利厚生費	不課税仕入れ	－	現金の支払ですが、何かの対価ではないので不課税になります。香典と合わせて頻出する、弔電・供花は、電報の発信・花の購入対価であるため課税仕入れとなります。

取引内容	一般的な勘定科目	消費税区分	税率	解　説
従業員の健康診断、予防接種	福利厚生費	課税仕入れ	10%	医療機関での診療代は通常非課税取引になりますが、健康診断・人間ドック・インフルエンザワクチンの予防接種などは社会保険医療に当たらないため、課税仕入れとなります。
国内航空運賃のキャンセル料	旅費交通費・支払手数料	不課税仕入れ or 課税仕入れ	ー	航空運賃の場合、解約等の時期に関係なく一定額を受け取ることとされている部分の金額は、解約等に伴う事務手数料に該当し課税仕入れとなりますが、搭乗区間や解約等の時期などにより金額の異なるものは、逸失利益等に対する損害賠償金に該当するので不課税仕入れとなります。
土地の賃借・社宅の賃借	地代家賃	非課税仕入れ	ー	土地（更地）の賃貸借は非課税取引となります。ただし、駐車場など施設（アスファルト、区画の整備など）の利用に伴って土地を借りる場合には課税仕入れとなります。従業員の社宅を借りる場合も住宅家賃であるため非課税仕入れになります。
旧税率（8％）の時期に開始されたリース契約	リース料・賃借料	課税仕入れ	旧税率8％	リース契約は借受開始日の税率が適用されますので、借受開始日が令和元年9月30日以前であればその後の支払は8％が継続されます。ただし、同じ対象物に対して再リースをする際には、再リース契約日の税率が適用されます。
事業用車両の売却	車両運搬具・預け金・固定資産売却益・固定資産売却損	課税売上げ（対価の額に対して）一部非課税売上げ	10%	消費税は資産の譲渡等の対価に課せられますので、事業用の固定資産を売却した場合には、売却代金が課税の対象となります。ただし、リサイクル預託金がある

取引内容	一般的な勘定科目	消費税区分	税率	解　説
				場合には、預託金に対応する部分は非課税売上げ（有価証券譲渡）となります。売却の仕訳に消費税区分を付すのは一工夫いるため後述します。
土地の購入に伴う仲介手数料	土　地	課税仕入れ	10%	土地の購入代金は非課税仕入れですが、購入に伴い不動産業者に支払う仲介手数料や、土木業者に支払う造成費は土地の取得価額に含まれるものであり、かつ、役務提供の対価ですので課税仕入れとなります。勘定科目が土地＝非課税とならないケースですので注意が必要です。
利息の受取り	受取利息	非課税売上げ	－	銀行の預金利息や貸付金から得られる利息は非課税売上げになります。下記の受取配当金と混同しないように注意してください。
配当金の受取り	受取配当金	不課税売上げ	－	株式からの配当金は不課税です。また、自社の株主に配当を行った場合にも不課税取引となります。
従業員から受け取る社宅家賃	受取家賃・雑収入	非課税売上げ	－	社宅の賃借料と同様に賃貸料も非課税取引となります。会計ソフトで科目を雑収入で処理した場合、自動で課税売上げに区分されがちですので注意が必要です。
保険金の受取り、補助金の受取り	受取保険料・雑収入	不課税売上げ	－	生命保険金・損害保険金の受取りは対価性がありませんので不課税取引となります。国等から受給する補助金についても同様に、基本的には不課税取引です。

余談ですが、通常会計ソフトの消費税区分には、「非課税売上」と「不課税（売上）」、あるいは、「非課税仕入」と「不課税（仕入）」の区分があります。いずれも消費税がかからない区分であるのに区別する必要があるのかと思われる方もいるでしょう。

　区別の要否ですが、「非課税売上」と「不課税（売上）」は区別する必要があります。これは控除対象仕入税額を計算する際に用いる課税売上割合の算定に際して、「非課税売上」と「不課税（売上）」は異なった取扱いがなされるためです。

　一方で、「非課税仕入」と「不課税（仕入）」については、法的な意味合いは異なるのですが、消費税額の計算上における差異はありません。したがって、実務上区別して記帳する必要はないため、全て「不課税」あるいは「対象外」の区分で統一して構わないでしょう。

③ 車両の売却に関する仕訳

　②の表で紹介したとおり、事業用車両を売却した際の仕訳は、多少工夫がいります。経理方法ごとに固定資産売却益が発生するケースと固定資産売却損が発生するケースの両方の仕訳を下記にて解説します。

❶ 固定資産売却益が生じるケース

■帳簿価額300,000円の車両及びリサイクル預託金10,000円を550,000円（税込）で売却した場合

税込経理の場合

科　目	金　額	消費税区分		科　目	金　額	消費税区分
現金預金	550,000	不課税	/	車両運搬具	300,000	課税売上
			/	預託金	10,000	非課税売上 （有価証券譲渡）
			/	固定資産 売却益	240,000	課税売上

税抜経理の場合

科　目	金　額	消費税区分		科　目	金　額	消費税区分
現金預金	550,000	不課税	/	車両運搬具	300,000	課税売上
			/	預託金	10,000	非課税売上 （有価証券譲渡）
			/	仮受消費税	49,091	課税売上
			/	固定資産 売却益	190,909	課税売上

　税込経理の場合にはさほど悩むことなく仕訳できるでしょう。問題は税抜経理の場合です。税込対価は550,000円です。このうち、10,000円はリサイクル預託金の対価であると考えます。したがって、残りの540,000円が車両本体の税込売却対価の額です。540,000円の内、その100/110にあたる490,909円が税抜対価の額であり、差額の49,091円が消費税の額です。したがって、貸方金額は車両運搬具300,000円・預託金10,000円・仮受消費税49,091円が確定します。これらの合計と、受け取った550,000円との差額が固定資産売却益となります。

❷ 固定資産売却損が生じるケース

■帳簿価額300,000円の車両及びリサイクル預託金10,000円を220,000円（税込）で売却した場合

税込経理の場合

科　目	金　額	消費税区分		科　目	金　額	消費税区分
現金預金	220,000	不課税	/	車両運搬具	210,000	課税売上
			/	預託金	10,000	非課税売上 （有価証券譲渡）
固定資産 売却損	90,000	不課税	/	車両運搬具	90,000	不課税

税抜経理の場合

科 目	金 額	消費税区分		科 目	金 額	消費税区分
現金預金	220,000	不課税	/	車両運搬具	190,909	課税売上
			/	預託金	10,000	非課税売上 (有価証券譲渡)
			/	仮受消費税	19,091	課税売上
固定資産 売却損	109,091	不課税	/	車両運搬具	109,091	不課税

　税込経理の場合、対価の220,000円の内、リサイクル預託金に相当する10,000円を除いた210,000円を車両本体の税込対価と考えます。車両運搬具の帳簿価額は300,000円ですが、消費税区分を適切に付すために、車両運搬具を対価に相当する210,000円（課税売上）と売却損に相当する90,000円（不課税）に分解します。

　税抜経理の場合は、先ほどの固定資産売却益のパターンと考え方は同じです。税込対価は220,000円です。このうち、10,000円はリサイクル預託金の対価ですので残りの210,000円が車両本体の税込売却対価の額です。210,000円の内、その100/110にあたる190,909円が税抜対価の額であり、差額の19,091円が消費税の額です。したがって、貸方金額はいったん、車両運搬具190,909円（課税売上）・預託金10,000円・仮受消費税19,091円（課税売上）が確定します。車両運搬具の帳簿価額は300,000円ですので、既に計上した190,909円との差額である109,091円（不課税）を貸方に車両運搬具として計上し、同額を借方に固定資産売却損として計上すれば出来上がりです。消費税区分を適切に付すために車両運搬具を分解する必要がある点がポイントです。

　なお、簡易課税を選択している場合には、売上・収入に関する消費税区分（特に事業区分）は正確に入力する必要がありますが、仕入・経費科目に関する消費税区分は税額計算に影響しませんので、さほど神経質になる必要はないでしょう。
　仕訳に際して消費税区分を適切に付与できるようになれば、記帳業務のプロになったといっても過言ではないでしょう。

8 ざっくりと知っておきたい消費税③
～インボイス制度について～

> 消費税を原則課税方式で計算している事業者が仕入税額控除を受けるためには、帳簿及び請求書等の保存が要件ですが、その請求書について令和5年10月より適格請求書等保存方式が導入されています。いわゆるインボイス制度の導入です。

❶ インボイス制度について

　インボイス制度とは、端的にいうと所定の記載事項が記載された請求書等を保存していなければ仕入税額控除ができないというものです。なお、ここでいう請求書等とは、領収書やレシート、納品書、仕入明細書など、取引の証明になるものは全て含まれます。

■ 所定の記載事項

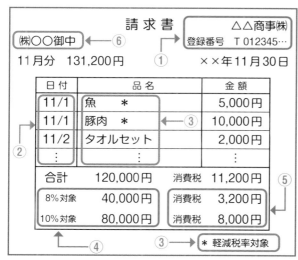

① 適格請求書発行事業者の氏名又は名称及び登録番号
② 取引年月日
③ 取引内容（軽減対象品目である場合にはその旨）
④ 税率ごとに区分して合計した対価の額（税抜き又は税込み）及び適用税率
⑤ 税率ごとに区分した消費税額等
⑥ 書類の交付を受ける事業者の氏名又は名称

※⑥については不特定多数の者に販売等を行う小売業、飲食店業等の場合は省略可能。
（国税庁パンフレット「適格請求書保存方式の概要」（令和5年7月）より抜粋）

73

一見すると請求書に記載する内容だけの話のようですが、ここで問題なのは①の登録番号です。登録番号というのは、税務署にインボイス登録を申請することで付与される番号なのですが、免税事業者はインボイス登録をすることができません。すなわち、インボイス登録をするためにはそれまで免税事業者で消費税を納付する義務がなかった事業者も、売上高に関わらず、課税事業者にならなくてはいけないのです。

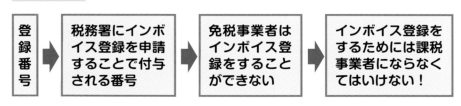

　インボイス登録自体は強制されるものではないのですが、インボイス登録していない事業者と取引した相手方は、その取引については仕入税額控除を受けることができないため、消費税額を相手方が負担することになります。ひいてはインボイスの交付ができないことを理由に相手方から取引を拒まれることがあるかもしれません。

　なお、一定の期間は免税事業者からの課税仕入れに係る仕入税額控除について経過措置が設けられています。

■ 免税事業者等からの課税仕入れにかかる経過措置

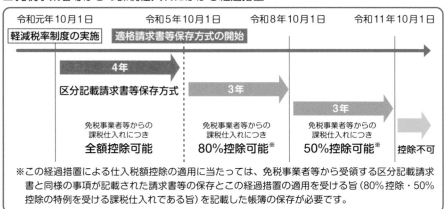

※国税庁パンフレット「適格請求書保存方式の概要」（令和5年7月）より抜粋

令和8年9月までは、インボイス登録事業者以外からの課税仕入れについて仕入税額の80％を控除することができ、その後令和11年9月までは50％控除することができます。したがって、完全に控除できなくなるのは令和11年10月以降の取引ということとなります。

また、令和11年9月までは基準期間（通常は2年前）の課税売上高が1億円以下の事業者については、1回の取引額が1万円（税込）未満の取引については、帳簿のみを保存することで仕入税額控除を適用できます。

❷ インボイス制度にあたって経理担当者が留意すべきこと

ここでは差し当たって自社がインボイス登録事業者であるという前提で説明します。

❶ 自社の得意先に関する留意点

当然ながら登録番号その他記載事項を満たした請求書等を発行しなければなりません。なお、請求書等に記載する消費税額は個々の商品ごとではなく、請求書内の取引の合計額を税率ごと区分して合計した金額に対して消費税額を計算し記載します。つまり消費税額は1枚の請求書内において、税率ごとに1回の端数処理を行います。

❷ 自社の仕入先・支払先に関する留意点

自社が消費税の計算方法について、簡易課税方式を採用している場合には、特に留意すべき点はありません。実際の仕入等に基づいて仕入税額控除をするわけではありませんので、相手がインボイス登録事業者かどうか、さらに極端にいうとその仕入れや経費が課税取引かどうかなどの消費税区分すらも無視して記帳しても納付税額の計算に直接的な支障はありません（基準期間の課税売上高等に誤りがあり、原則課税が適用されるような事故が起きた場合は大変な気がしますが…。）。

一方で自社が原則課税で計算している場合については、留意すべき点が多々あります。

| 簡易課税の場合 | | 特に留意すべき点はない |
| 原則課税の場合 | | 留意すべき点が多々ある！ |

　まず、相手方から交付される請求書等に登録番号の記載があるかどうかを確認し、保存しておく必要があります。継続的な取引がある取引先については、インボイス登録事業者であるかどうかをまとめた表などを作成しておくと便利です。

　インボイス制度は一つの書類のみで全ての記載事項を満たす必要はありません。事務所の家賃のように契約書に基づいて賃料を支払う取引については、一般的に請求書・領収書の受領・交付を行いませんが、インボイス制度の記載事項の内、「取引年月日」以外が記載された契約書と、通帳又は振込金受取書などの「取引年月日」がわかる書類を保存しておけば、インボイス制度の要件を満たしていることになります。また、令和5年9月以前からの契約で、契約書に登録番号等のインボイス必要事項の記載が不足している場合には、別途、登録番号等を記載した書類を契約書とともに保存していれば差し支えないとされています。

　なお、バスや鉄道などの公共交通機関に対する支払（3万円未満に限ります。）や自動販売機での購入（3万円未満に限ります。）、従業員への通勤手当の支給については、帳簿への記載のみで仕入税額控除が可能です。

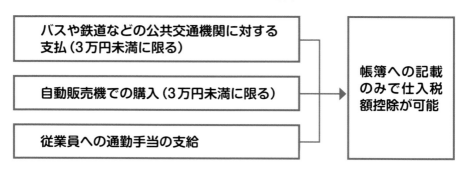

　仕入・経費について会計ソフトを用いて記帳する場合には、仕訳ごとに取引の相手がインボイス登録事業者なのかそうでないのかを考慮して記帳する必要がありますので、従来と比較して業務の手間が増えたといえるでしょう。

9 中間納税について

　法人税や消費税は、原則的には決算日の翌日から2か月以内に納付しなければなりません。しかし、実際にはこれらの税金は、年1回だけ支払えば良いわけではなく、前年度の実績に応じて、年度の途中で所定の税額を前払いする必要があるのです。
　その上で、決算において確定した年間の税額から、既に前払いした税額を引いた残りを納付する（場合によっては還付される）仕組みとなっています。ここでは、税金の前払いである中間納税について紹介します。

① 法人税及び地方法人税の中間納税について

　事業年度が12か月である通常の法人の場合、前事業年度の確定法人税額が20万円を超える場合には、法人税及び地方法人税について中間納税をしなければなりません。すなわち、前年度が赤字決算などで確定法人税額がない場合には、中間納税はありません。

　中間納税の納期限は、事業年度開始の日以後6か月を経過した日から2か月以内となっていますので、例えば3月決算の会社であれば10月1日〜11月30日の間に納付する必要があります。

　中間納税の納税額の計算方法には、前年度実績に基づく予定納税と仮決算に基づく中間納税の2つの方法があり、いずれかを選択することができます。

❶ 前年度実績に基づく予定納税の場合

　前事業年度の法人税額及び地方法人税額の概ね半分の税額を納付します。

❷ 仮決算に基づく中間納税の場合

　事業年度開始からの6か月間を一事業年度とみなして決算を行い、その決算に基づき中間申告書を作成し、算出された税額を納付する方式です。基本的には本来の決算と同じ作業が発生しますので、それだけ手間はかかりますが、前事業年

度と比較して業績が悪化し、利益が減少している場合については、前年度実績に基づく予定納税よりも中間納付額を少なくできる可能性があります。

　なお、仮決算により算出された中間納付額が前年度実績に基づく予定納税による税額を超えた場合には、この方法を採用することはできません。

❷ 法人事業税・特別法人事業税・法人都道府県民税・法人市町村民税の中間納税について

　法人税の中間納税の義務がある会社については、同時期にこれらの地方税についても中間納税をしなければなりません。

　中間納税の納税額の計算方法は法人税の場合と同様に、前年度実績に基づく予定納税（前年度税額のおよそ1/2を納付）と仮決算に基づく中間納税があります。

❸ 消費税の中間納税について

　法人税等が年1回の中間納税であるのに対し、消費税の中間納税は、前事業年度の確定消費税額（地方消費税は含みません。）の大きさによって、中間納税の回数が異なります。

前課税期間の確定消費税額	中間申告の回数	中間申告の対象期間
48万円以下	なし。ただし、任意の中間申告制度あり	
48万円超　400万円以下	年1回	事業年度開始から6か月
400万円超　4,800万円以下	年3回	事業年度開始から3か月ごと
4,800万円超	年11回	事業年度開始から1か月ごと

　申告、納付期限は、それぞれの中間申告の対象期間の末日から2か月以内（年11回の場合は初回分のみ3か月以内）となっています。

　納税額の計算方法は、法人税と同様に前年度実績に基づく予定納税と仮決算に基づく中間納税の2つの方法があり、いずれかを選択することができます。

❶ 前年度実績に基づく予定納税の場合

年1回・任意の中間申告制度の場合		直前の課税期間の確定消費税額の 6/12
年3回の場合		直前の課税期間の確定消費税額の 3/12
年11回の場合		直前の課税期間の確定消費税額の 1/12

※直前の課税期間が12か月に満たない場合は、計算方法が異なります。

❷ 仮決算に基づく中間納税の場合

　中間申告の対象期間を課税期間として決算を行い、計算された消費税額を納付します。基本的には本来の決算と同じ作業を行います。ただし、仮決算により算出された税額がマイナスとなっても還付を受けることはできません。

　なお、法人税・地方税・消費税のいずれも中間申告書を提出しなかった場合には、前年度実績に基づく予定申告があったものとみなされますので、納期限までに予定納税額を納付する必要があります。

　中間納税はあくまで年間の税額を見込みで前払いしているにすぎませんので、予定納税方式・仮決算方式のいずれを採用した場合においても、本決算において正しい年税額を計算し、精算しますので年間の税額は変わりません。

　コロナ禍でめっきり減っていた税務調査も再開されつつあり、以前の日常への回帰を感じます。業種、規模、業績にもよりますが法人の場合、3年〜10年に一度は税務調査を受ける機会があるでしょう。中小企業における一般的な税務調査は税務署の調査官（2名程度）が来社し2日〜3日間に渡って実施されます。以下税務調査の一例を紹介します。

初　日	
10:00	調査官2名来社。会議室で社長・顧問税理士・調査官の挨拶及び会社の事業内容や経営状況に関わるざっくばらんな会話が行われます。表面上は和やかな雰囲気ですが、調査官は何気ない会話の中から気になる事項を引き出す狙いがあり、双方独特の緊張感が見え隠れします。
13:00	昼食休憩を挟んで、いよいよ本格的な調査が開始されます。調査対象となる税目は法人税・消費税・源泉所得税・印紙税などで、通常は直近3事業年度分が対象期間となります。調査官はあらかじめ会社が用意した総勘定元帳や取引の原始帳票をパラパラとめくっては気になるところに付箋を貼っていきます。 多くの場合、調査官はあらかじめ申告書や決算書の内容から特に着目して調査したいポイントを決めて臨場しています。原価率に疑義がある場合は、棚卸の資料ばかり見ますし、交際費の金額に疑義がある場合には領収書ばかりをめくります。 この間経営者や経理担当者が同席する必要はなく（社内にはいた方が望ましい）、顧問税理士が調査官から時折発せられるボクシングのジャブのような問いかけに応対します。
16:00	初日の調査終了。

10:00	調査官は早速前日の調査の続きに着手します。双方緊張感も若干解け、顧問税理士は予定よりも早く終わる気配などを探りながら調査を見守ります。調査官も概ね調査の目途が立った段階で、顧問税理士に今回の調査の真意や、指摘予定事項を耳打ちし、調整を図る場合もあります。
14:30	昼食休憩を挟んで、社長同席の元、調査のクロージングを行います。調査官が指摘事項を主張し、それに対して顧問税理士が反論します（税理士にとっての見せ場でもあります。）。多くの場合は、その場での結論は出ずに、調査官から追加資料の希望やデータ・帳票の持ち帰りが提案されます。
16:00	2日間に渡る臨場調査終了。

この後は、会社からの追加資料の提出や調査官による持ち帰り資料の精査を経て、顧問税理士と調査官が電話等で議論・調整するとともに、その経過を社長に説明し、概ね総意の醸成が図られたところで修正申告の提出（もちろん申告是認の場合もあります。）が決まります。

税務署側

会社側

あくまで税務調査の一例であり、このようなフォームとは全く異なる税務調査も十分にあり得ますし、会社が調査官の主張に同意できない場合には、行くところまで行く、出るところに出るケースもありますのであくまでご参考までに。

第3章 給与計算にまつわる経理のお仕事

1 給与計算事務について

中小企業においては、従業員への給与や賞与の計算を経理担当者が担うケースも多いでしょう。ここでは毎月の給与計算及び賞与計算の流れをざっくりと説明します。

① 給与計算の流れ

1	2	3	4	5
総支給額の計算	課税支給額の計算	社会保険料の計算	源泉所得税・住民税の計算	差引支給額の計算

給与支給明細書

株式会社○○○○
○○年○月度

社員番号
氏名

勤怠	就業日数	出勤日数	労働時間	欠勤日数	休日出勤日数	有給消化日数	
	20	20	160:00	0	0	0	
	平日普通残業	平日深夜残業			遅刻早退時間	有給残日数	
	10:30	0:00			0	15	

① →

支給	基本給	役職手当	資格手当	住宅手当	家族手当		課税支給額	②
	290,000	10,000	30,000				354,948	
	通勤手当	残業手当	深夜勤務手当	法定休日手当			総支給額	
	10,000	24,948					364,948	

③ →

控除	健康保険	厚生年金保険	介護保険	雇用保険	社会保険合計		課税対象額	
	17,238	31,110	0	2,190	50,538		304,410	
	所得税	住民税	税額合計				総控除額	
	8,740	18,000	26,740				77,278	

④ ←

合計	総支給額	総控除額					差引支給額	⑤
	364,948	77,278					287,670	

❶ 総支給額の計算

総支給額とは従業員の基本給・通勤手当・残業手当・その他各種手当の合計額です。総支給額の計算において最も手間がかかるのは残業手当などの割増賃金の計算でしょう。

労働基準法において、従業員に法定労働時間（原則として1日8時間・週40時間）を超えて働かせた場合には、一定の割増率に基づいて割増賃金を支払わなければならないこととなっています。

月給制の会社の場合、割増率をかける対象は、一般的に就業規則等に基づく1か月の平均所定労働時間から計算した1時間当たりの賃金額になるでしょう。

■割増率について

労働時間の種類	割　増　率	一般的な手当名称
通常の時間外労働	25％以上	残業手当
深夜の時間外労働	50％以上	深夜残業手当
法定休日の労働	35％以上	法定休日手当

❷ 課税支給額の計算

課税支給額とは、所得税等の税金がかかる対象となる支給額のことであり、総支給額から非課税支給額を除いた金額となります。

非課税支給額の代表的なものは通勤交通費です。通勤交通費は会社に通勤するための実費相当額であることから、原則的に所得税はかかりません。ただし、非課税となる通勤交通費には上限があります。電車やバスなどの公共交通機関で通勤している従業員の場合、合理的な経路等で通勤した場合の通勤定期券などの金額が上限となり、合理的な経路等であっても、月額15万円を超える場合には、超えた部分は課税対象となります。

自家用車で通勤している従業員の場合は、通勤距離に応じて非課税となる限度額が異なります。

■自家用車で通勤している従業員の非課税限度額

片道の通勤距離	1か月当たりの限度額
2km 未満	全額課税
2km 以上 10km 未満	4,200円
10km 以上 15km 未満	7,100円
15km 以上 25km 未満	12,900円
25km 以上 35km 未満	18,700円
35km 以上 45km 未満	24,400円
45km 以上 55km 未満	28,000円
55km以上	31,600円

❸ 社会保険料の計算

　給与から控除する社会保険料には、健康保険料・介護保険料・厚生年金保険料・雇用保険料の4つがあります。健康保険料・介護保険料・厚生年金保険料は、従業員と会社が折半して負担するものであり、標準報酬月額に保険料率をかけて計算します。通常は保険料額表に当てはめて算出します。

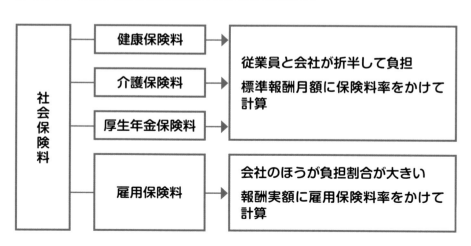

　標準報酬月額とは、社会保険料を計算するためにある時点又は一定期間の報酬額を基に等級ごとに仮に定めた報酬です。社会保険料の対象となる報酬には、課税支給額の他、通勤交通費も含めますので、総支給額に近いイメージでとらえていただいて結構です。

　標準報酬月額の算定方法には、次の5つがあります。

	決定時期	基準報酬	適用期間
資格取得時決定	入社時	入社時の報酬月額	入社日が1月～5月 　⇒その年の8月まで 入社日が6月～12月 　⇒翌年の8月まで
定時決定	毎年7月	4月～6月の平均報酬額	その年の9月～翌年の8月まで
随時改定	2等級以上の差が生じた場合の4か月目	変動月から3か月間の平均報酬額	改定月が1月～6月 　⇒その年の8月まで 改定月が7月～12月 　⇒翌年の8月まで
育児休業終了時改定	育児休業終了から4か月目	休業終了月から3か月間の平均報酬額	改定月が1月～6月 　⇒その年の8月まで 改定月が7月～12月 　⇒翌年の8月まで
産前産後休業終了時改定	産前産後休業終了から4か月目	休業終了月から3か月間の平均報酬額	改定月が1月～6月 　⇒その年の8月まで 改定月が7月～12月 　⇒翌年の8月まで

　健康保険には、「協会けんぽ」と「組合健保」の2種類があります。通常、中小企業は「協会けんぽ」に加入しています。「協会けんぽ」の保険料率は都道府県ごとに定められています。また、保険料率は通常年1回（3月）改定となりますのでご注意ください。

　介護保険料は40歳以上65歳未満の従業員が対象となります。

■協会けんぽの保険料額表

令和5年3月分（4月納付分）からの健康保険・厚生年金保険の保険料額表

・健康保険料率：令和5年3月分～　適用　　・厚生年金保険料率：平成29年9月分～　適用
・介護保険料率：令和5年3月分～　適用　　・子ども・子育て拠出金率：令和2年4月分～　適用

（大阪府）　　（単位：円）

標準報酬 等級	標準報酬 月額	報酬月額 円以上	報酬月額 円未満	介護保険第2号被保険者に該当しない場合 10.29% 全額	折半額	介護保険第2号被保険者に該当する場合 12.11% 全額	折半額	厚生年金保険料（厚生年金基金加入員を除く）一般、坑内員・船員 18.300%※ 全額	折半額
1	58,000	~	63,000	5,968.2	2,984.1	7,023.8	3,511.9		
2	68,000	63,000 ~	73,000	6,997.2	3,498.6	8,234.8	4,117.4		
3	78,000	73,000 ~	83,000	8,026.2	4,013.1	9,445.8	4,722.9		
4(1)	88,000	83,000 ~	93,000	9,055.2	4,527.6	10,656.8	5,328.4	16,104.00	8,052.00
5(2)	98,000	93,000 ~	101,000	10,084.2	5,042.1	11,867.8	5,933.9	17,934.00	8,967.00
6(3)	104,000	101,000 ~	107,000	10,701.6	5,350.8	12,594.4	6,297.2	19,032.00	9,516.00
7(4)	110,000	107,000 ~	114,000	11,319.0	5,659.5	13,321.0	6,660.5	20,130.00	10,065.00
8(5)	118,000	114,000 ~	122,000	12,142.2	6,071.1	14,289.8	7,144.9	21,594.00	10,797.00
9(6)	126,000	122,000 ~	130,000	12,965.4	6,482.7	15,258.6	7,629.3	23,058.00	11,529.00
10(7)	134,000	130,000 ~	138,000	13,788.6	6,894.3	16,227.4	8,113.7	24,522.00	12,261.00
11(8)	142,000	138,000 ~	146,000	14,611.8	7,305.9	17,196.2	8,598.1	25,986.00	12,993.00
12(9)	150,000	146,000 ~	155,000	15,435.0	7,717.5	18,165.0	9,082.5	27,450.00	13,725.00
13(10)	160,000	155,000 ~	165,000	16,464.0	8,232.0	19,376.0	9,688.0	29,280.00	14,640.00
14(11)	170,000	165,000 ~	175,000	17,493.0	8,746.5	20,587.0	10,293.5	31,110.00	15,555.00
15(12)	180,000	175,000 ~	185,000	18,522.0	9,261.0	21,798.0	10,899.0	32,940.00	16,470.00
16(13)	190,000	185,000 ~	195,000	19,551.0	9,775.5	23,009.0	11,504.5	34,770.00	17,385.00
17(14)	200,000	195,000 ~	210,000	20,580.0	10,290.0	24,220.0	12,110.0	36,600.00	18,300.00
18(15)	220,000	210,000 ~	230,000	22,638.0	11,319.0	26,642.0	13,321.0	40,260.00	20,130.00
19(16)	240,000	230,000 ~	250,000	24,696.0	12,348.0	29,064.0	14,532.0	43,920.00	21,960.00
20(17)	260,000	250,000 ~	270,000	26,754.0	13,377.0	31,486.0	15,743.0	47,580.00	23,790.00
21(18)	280,000	270,000 ~	290,000	28,812.0	14,406.0	33,908.0	16,954.0	51,240.00	25,620.00
22(19)	300,000	290,000 ~	310,000	30,870.0	15,435.0	36,330.0	18,165.0	54,900.00	27,450.00
23(20)	320,000	310,000 ~	330,000	32,928.0	16,464.0	38,752.0	19,376.0	58,560.00	29,280.00
24(21)	340,000	330,000 ~	350,000	34,986.0	17,493.0	41,174.0	20,587.0	62,220.00	31,110.00
25(22)	360,000	350,000 ~	370,000	37,044.0	18,522.0	43,596.0	21,798.0	65,880.00	32,940.00
26(23)	380,000	370,000 ~	395,000	39,102.0	19,551.0	46,018.0	23,009.0	69,540.00	34,770.00
27(24)	410,000	395,000 ~	425,000	42,189.0	21,094.5	49,651.0	24,825.5	75,030.00	37,515.00
28(25)	440,000	425,000 ~	455,000	45,276.0	22,638.0	53,284.0	26,642.0	80,520.00	40,260.00
29(26)	470,000	455,000 ~	485,000	48,363.0	24,181.5	56,917.0	28,458.5	86,010.00	43,005.00
30(27)	500,000	485,000 ~	515,000	51,450.0	25,725.0	60,550.0	30,275.0	91,500.00	45,750.00
31(28)	530,000	515,000 ~	545,000	54,537.0	27,268.5	64,183.0	32,091.5	96,990.00	48,495.00
32(29)	560,000	545,000 ~	575,000	57,624.0	28,812.0	67,816.0	33,908.0	102,480.00	51,240.00
33(30)	590,000	575,000 ~	605,000	60,711.0	30,355.5	71,449.0	35,724.5	107,970.00	53,985.00
34(31)	620,000	605,000 ~	635,000	63,798.0	31,899.0	75,082.0	37,541.0	113,460.00	56,730.00
35(32)	650,000	635,000 ~	665,000	66,885.0	33,442.5	78,715.0	39,357.5	118,950.00	59,475.00
36	680,000	665,000 ~	695,000	69,972.0	34,986.0	82,348.0	41,174.0		
37	710,000	695,000 ~	730,000	73,059.0	36,529.5	85,981.0	42,990.5		
38	750,000	730,000 ~	770,000	77,175.0	38,587.5	90,825.0	45,412.5		
39	790,000	770,000 ~	810,000	81,291.0	40,645.5	95,669.0	47,834.5		
40	830,000	810,000 ~	855,000	85,407.0	42,703.5	100,513.0	50,256.5		
41	880,000	855,000 ~	905,000	90,552.0	45,276.0	106,568.0	53,284.0		
42	930,000	905,000 ~	955,000	95,697.0	47,848.5	112,623.0	56,311.5		
43	980,000	955,000 ~	1,005,000	100,842.0	50,421.0	118,678.0	59,339.0		
44	1,030,000	1,005,000 ~	1,055,000	105,987.0	52,993.5	124,733.0	62,366.5		
45	1,090,000	1,055,000 ~	1,115,000	112,161.0	56,080.5	131,999.0	65,999.5		
46	1,150,000	1,115,000 ~	1,175,000	118,335.0	59,167.5	139,265.0	69,632.5		
47	1,210,000	1,175,000 ~	1,235,000	124,509.0	62,254.5	146,531.0	73,265.5		
48	1,270,000	1,235,000 ~	1,295,000	130,683.0	65,341.5	153,797.0	76,898.5		
49	1,330,000	1,295,000 ~	1,355,000	136,857.0	68,428.5	161,063.0	80,531.5		
50	1,390,000	1,355,000 ~		143,031.0	71,515.5	168,329.0	84,164.5		

※厚生年金基金に加入している方の厚生年金保険料率は、基金ごとに定められている免除保険料率（2.4%～5.0%）を控除した率となります。

加入する基金ごとに異なりますので、免除保険料率および厚生年金基金の掛金については、加入する厚生年金基金にお問い合わせください。

◆ 介護保険第2号被保険者は、40歳から64歳までの方であり、健康保険料率（10.29%）に介護保険料率（1.82%）が加わります。
◆ 等級欄の（ ）内の数字は、厚生年金保険の標準報酬月額等級です。
　　4(1)等級の「報酬月額」欄は、厚生年金保険の場合「93,000円未満」と読み替えてください。
　　35(32)等級の「報酬月額」欄は、厚生年金保険の場合「635,000円以上」と読み替えてください。
◆ 令和5年度における全国健康保険協会の任意継続被保険者について、標準報酬月額の上限は、300,000円です。

○被保険者負担分（表の折半額の欄）に円未満の端数がある場合
　①事業主が、給与から被保険者負担分を控除する場合、被保険者負担分の端数が50銭以下の場合は切り捨て、50銭を超える場合は切り上げて1円となります。
　②被保険者が、被保険者負担分を事業主へ現金で支払う場合、被保険者負担分の端数が50銭未満は切り捨て、50銭以上の場合は切り上げて1円となります。
　（注）①、②にかかわらず、事業主と被保険者間で特約がある場合には、特約に基づき端数処理をすることができます。

○納入告知書の保険料額
　納入告知書の保険料額は、被保険者個々の保険料を合算した金額になります。ただし、合算した金額に円未満の端数がある場合は、その端数を切り捨てた額となります。

○賞与にかかる保険料額
　賞与に係る保険料額は、賞与額から1,000円未満の端数を切り捨てた額（標準賞与額）に、保険料率を乗じた額となります。
　また、標準賞与額の上限は、健康保険は年間573万円（毎年4月1日から翌年3月31日までの累計額）となり、厚生年金保険と子ども・子育て拠出金の場合は月間150万円となります。

○子ども・子育て拠出金
　事業主の方は、児童手当の支給に要する費用等の一部として、子ども・子育て拠出金を負担いただくことになります。（被保険者の負担はありません。）
　この子ども・子育て拠出金の額は、被保険者個々の厚生年金保険の標準報酬月額および標準賞与額に、拠出金率（0.36%）を乗じて得た額の総額となります。

　雇用保険料は、毎月の報酬実額に雇用保険料率をかけて計算します。標準報酬月額に基づいた計算ではないため、保険料額が毎月変動する可能性があります。また、従業員よりも会社の方の負担割合が大きいのも特徴です。雇用保険料率は業種によって異なっています。なお、役員に対する給与（役員報酬）は雇用保険料の対象になりません。

■令和5年4月1日から令和6年3月31日までの雇用保険料率

業　種	労働者負担	事業主負担
一般の事業	$\dfrac{6}{1,000}$	$\dfrac{9.5}{1,000}$
農林水産業・清酒製造業	$\dfrac{7}{1,000}$	$\dfrac{10.5}{1,000}$
建設業	$\dfrac{7}{1,000}$	$\dfrac{11.5}{1,000}$

❹ 源泉所得税・住民税の計算

　源泉所得税は、課税支給額から社会保険料を控除した金額（課税対象額）に課税されます。原則的には、課税対象額を源泉所得税の税額表（月額表）に当てはめて算出します。

　月額表には「甲欄」・「乙欄」の区分があります。「扶養控除等（異動）申告書」を会社に提出している従業員については、「甲欄」の税額を用います。他の会社との兼業であるなどの理由により提出していない従業員については、「乙欄」の税額を用います。また、「甲欄」の場合、扶養親族の人数によって税額が異なるため、「扶養控除等（異動）申告書」により把握した扶養親族の人数に応じて算出します。

　なお、給与計算ソフト等を用いて計算している場合は電算機計算の特例により「甲欄」の従業員の税額は月額表と若干異なることがあります。

　住民税は、前年の所得に基づいて計算された税額が、その年の6月〜翌年5月まで適用されます。毎年5月ごろに従業員の住む自治体から会社宛てに「住民税の特別徴収税額決定通知書」が送付されますので、その通知書に記載された金額を

給与所得の源泉徴収税額表（令和5年分）

(一) 月額表（平成24年3月31日財務省告示第115号別表第一（令和2年3月31日財務省告示第81号改正））（～166,999円）

その月の社会保険料等控除後の給与等の金額		甲								乙
		扶 養 親 族 等 の 数								
以 上	未 満	0 人	1 人	2 人	3 人	4 人	5 人	6 人	7 人	税 額
		税					額			
円 88,000 円未満	円	円 0	円 0	円 0	円 0	円 0	円 0	円 0	円 0	円 その月の社会保険料等控除後の給与等の金額の3.063%に相当する金額
88,000	89,000	130	0	0	0	0	0	0	0	3,200
89,000	90,000	180	0	0	0	0	0	0	0	3,200
90,000	91,000	230	0	0	0	0	0	0	0	3,200
91,000	92,000	290	0	0	0	0	0	0	0	3,200
92,000	93,000	340	0	0	0	0	0	0	0	3,300
93,000	94,000	390	0	0	0	0	0	0	0	3,300
94,000	95,000	440	0	0	0	0	0	0	0	3,300
95,000	96,000	490	0	0	0	0	0	0	0	3,400
96,000	97,000	540	0	0	0	0	0	0	0	3,400
97,000	98,000	590	0	0	0	0	0	0	0	3,500
98,000	99,000	640	0	0	0	0	0	0	0	3,500
99,000	101,000	720	0	0	0	0	0	0	0	3,600
101,000	103,000	830	0	0	0	0	0	0	0	3,600
103,000	105,000	930	0	0	0	0	0	0	0	3,700
105,000	107,000	1,030	0	0	0	0	0	0	0	3,800
107,000	109,000	1,130	0	0	0	0	0	0	0	3,800
109,000	111,000	1,240	0	0	0	0	0	0	0	3,900
111,000	113,000	1,340	0	0	0	0	0	0	0	4,000
113,000	115,000	1,440	0	0	0	0	0	0	0	4,100
115,000	117,000	1,540	0	0	0	0	0	0	0	4,100
117,000	119,000	1,640	0	0	0	0	0	0	0	4,200
119,000	121,000	1,750	120	0	0	0	0	0	0	4,300
121,000	123,000	1,850	220	0	0	0	0	0	0	4,500
123,000	125,000	1,950	330	0	0	0	0	0	0	4,800
125,000	127,000	2,050	430	0	0	0	0	0	0	5,100
127,000	129,000	2,150	530	0	0	0	0	0	0	5,400
129,000	131,000	2,260	630	0	0	0	0	0	0	5,700
131,000	133,000	2,360	740	0	0	0	0	0	0	6,000
133,000	135,000	2,460	840	0	0	0	0	0	0	6,300
135,000	137,000	2,550	930	0	0	0	0	0	0	6,600
137,000	139,000	2,610	990	0	0	0	0	0	0	6,800
139,000	141,000	2,680	1,050	0	0	0	0	0	0	7,100
141,000	143,000	2,740	1,110	0	0	0	0	0	0	7,500
143,000	145,000	2,800	1,170	0	0	0	0	0	0	7,800
145,000	147,000	2,860	1,240	0	0	0	0	0	0	8,100
147,000	149,000	2,920	1,300	0	0	0	0	0	0	8,400
149,000	151,000	2,980	1,360	0	0	0	0	0	0	8,700
151,000	153,000	3,050	1,430	0	0	0	0	0	0	9,000
153,000	155,000	3,120	1,500	0	0	0	0	0	0	9,300
155,000	157,000	3,200	1,570	0	0	0	0	0	0	9,600
157,000	159,000	3,270	1,640	0	0	0	0	0	0	9,900
159,000	161,000	3,340	1,720	100	0	0	0	0	0	10,200
161,000	163,000	3,410	1,790	170	0	0	0	0	0	10,500
163,000	165,000	3,480	1,860	250	0	0	0	0	0	10,800
165,000	167,000	3,550	1,930	320	0	0	0	0	0	11,100

（抜粋）

毎月の給与から控除します。通常6月は7月～5月と異なる金額になっていますので注意が必要です。

❺ 差引支給額の計算

総支給額から社会保険料・所得税・住民税を控除した残額が差引支給額です。この金額を従業員に支給します。従業員にとっては差引支給額がいわゆる「手取り」の給与となります。

❶ 賞与支給額の計算

賞与とは、いわゆるボーナスのことです。賞与の支給時期や支給回数は会社によって異なります。一般的には就業規則や給与規定によって会社ごとに定めています。通常、賞与には非課税支給額はありませんので、総支給額がそのまま課税支給額となるでしょう。

❷ 社会保険料の計算

賞与からは給与と同様に健康保険料・介護保険料・厚生年金保険料・雇用保険料を控除します。賞与支給額から1,000円未満の端数を切り捨てた額が標準賞与額となります。健康保険料・介護保険料・厚生年金保険料はその標準賞与額に各保険料率をかけて計算します。

なお、健康保険料の標準賞与額の上限は年度（4月～3月）で573万円となっており、厚生年金保険料の標準賞与額の上限は1か月当たり150万円となっていますので、それぞれこれを超える部分については保険料がかかりません。

雇用保険料は賞与支給額に雇用保険料率をかけて計算します。こちらも料率は給与の計算と同じです。

❸ 源泉所得税の計算

　賞与に対する源泉所得税は、「賞与に対する源泉徴収税額の算出率の表」を用いて算定しますが、その計算方法はやや特徴的です。

　扶養控除等申告書を提出している従業員の場合は、通常、次のとおりです。

❶	賞与支給月の前月の課税対象額（課税支給額から社会保険料額を控除した額）を求めます。
❷	❶の金額を「賞与に対する源泉徴収税額の算出率の表」に当てはめて「賞与の金額に乗ずべき率」を求めます。
❸	❷の率に社会保険料控除後の賞与の額をかけます。

　なお、前月の給与がない場合や、前月の給与額の10倍を超える賞与を支払う場合には、別途異なる方法で計算することとなります。なお、住民税については賞与からの徴収はありません。

■賞与に対する源泉徴収税額の算出率の表

（平成24年3月31日財務省告示第115号別表第三（令和2年3月31日財務省告示第81号改正））

賞与の金額に乗ずべき率	甲 扶養親族							
	0　人		1　人		2　人		3　人	
	前　月　の　社　会　保　険　料　等　控							
	以　上	未　満	以　上	未　満	以　上	未　満	以　上	未　満
％	千円	千円	千円	千円	千円	千円	千円	千円
0.000	68 千円未満		94 千円未満		133 千円未満		171 千円未満	
2.042	68	79	94	243	133	269	171	295
4.084	79	252	243	282	269	312	295	345
6.126	252	300	282	338	312	369	345	398
8.168	300	334	338	365	369	393	398	417
10.210	334	363	365	394	393	420	417	445
12.252	363	395	394	422	420	450	445	477
14.294	395	426	422	455	450	484	477	510
16.336	426	520	455	520	484	520	510	544
18.378	520	601	520	617	520	632	544	647
20.420	601	678	617	699	632	721	647	745
22.462	678	708	699	733	721	757	745	782
24.504	708	745	733	771	757	797	782	823
26.546	745	788	771	814	797	841	823	868
28.588	788	846	814	874	841	902	868	931
30.630	846	914	874	944	902	975	931	1,005
32.672	914	1,312	944	1,336	975	1,360	1,005	1,385
35.735	1,312	1,521	1,336	1,526	1,360	1,526	1,385	1,538
38.798	1,521	2,621	1,526	2,645	1,526	2,669	1,538	2,693
41.861	2,621	3,495	2,645	3,527	2,669	3,559	2,693	3,590
45.945	3,495 千円以上		3,527 千円以上		3,559 千円以上		3,590 千円以上	

❹ 差引支給額の計算

賞与支給額から社会保険料と所得税を控除した残額が差引支給額です。

> ここまでざっくりと給与計算の流れを解説しました。給与計算を自社で行っている会社の場合、給与計算ソフトを用いて計算していることが多いかと思います。給与計算ソフトを用いた場合、従業員ごとの基本給や各種手当、社会保険や扶養情報などのマスタを整備しておけば、毎月の計算の際には残業時間を入力するだけで基本的には自動で計算されるかと思います。しかし、給与計算の流れが解っていないとマスタを更新する際や、イレギュラーな事象が発生した際に困ることになりますので、どのようにして給与が計算されているのかを理解することは重要でしょう。

等		の		数				乙	
4 人		5 人		6 人		7 人 以 上			
除 後 の	給 与 等		の	金 額				前月の社会保険料等控除後の給与等の金額	
以 上	未 満	以 上	未 満	以 上	未 満	以 上	未 満	以 上	未 満
千円	千円	千円	千円	千円	千円	千円	千円	千円	千円
210 千円未満		243 千円未満		275 千円未満		308 千円未満			
210	300	243	300	275	333	308	372		
300	378	300	406	333	431	372	456		
378	424	406	450	431	476	456	502		
424	444	450	472	476	499	502	523		
444	470	472	496	499	521	523	545	222千円未満	
470	503	496	525	521	547	545	571		
503	534	525	557	547	582	571	607		
534	570	557	597	582	623	607	650		
570	662	597	677	623	693	650	708		
662	768	677	792	693	815	708	838	222	293
768	806	792	831	815	856	838	880		
806	849	831	875	856	900	880	926		
849	896	875	923	900	950	926	978		
896	959	923	987	950	1,015	978	1,043	293	524
959	1,036	987	1,066	1,015	1,096	1,043	1,127		
1,036	1,409	1,066	1,434	1,096	1,458	1,127	1,482		
1,409	1,555	1,434	1,555	1,458	1,555	1,482	1,583		
1,555	2,716	1,555	2,740	1,555	2,764	1,583	2,788	524	1,118
2,716	3,622	2,740	3,654	2,764	3,685	2,788	3,717		
3,622 千円以上		3,654 千円以上		3,685 千円以上		3,717 千円以上		1,118 千円以上	

2　社会保険事務について

　社会保険とは、会社などに雇用されて働く従業員の病気や怪我、失業、老後などに対して国が必要な保険給付を行う公的な保険です。広義の社会保険として、健康保険・介護保険・厚生年金保険・雇用保険・労災保険の5つの保険制度があります。一方で、健康保険・介護保険・厚生年金保険の3つを狭義の社会保険として総称し、雇用保険・労災保険を労働保険と総称して区別する場合もあります。

　なお、会社に勤めていない自営業や無職、年金受給者などは国民保険に加入することになります。わが国は社会保険と国民保険によって国民皆保険制度を実現しているのです。

国民皆保険制度

社会保険（広義）

社会保険（狭義）
- 健康保険
- 介護保険
- 厚生年金保険

労働保険
- 雇用保険
- 労災保険

国民保険
- 国民健康保険
- 国民年金

　社会保険料は会社と従業員がそれぞれ負担することになります。従業員負担部分については、❶で説明したとおり、従業員の給与や賞与から天引きして会社が納付しています。

　ここでは、給与計算以外の社会保険に関する主な事務手続について紹介します。

① 健康保険・厚生年金保険料の納付

従業員の給与・賞与から徴収した保険料を会社負担の保険料と合わせて納付し

ます。具体的には、毎月20日頃に日本年金機構より送付される「保険料納入告知書」に記載された保険料額を月末ま

でに納付します。口座振替を利用して、自動的に振替納付している会社が多いでしょう。

納付時期	納付対象月の翌月末日
納付先	口座振替・金融機関の窓口・電子納付

② 健康保険・厚生年金保険　被保険者報酬月額算定基礎届の提出

　社会保険の標準報酬月額を計算するための定時決定に関する届出です。届出用紙が6月中旬以降順次、会社に送付されます。この届出用紙に7月1日現在で

雇用している被保険者である従業員の4月～6月の平均報酬月額を記入します。月額算定基礎届の提出によって9月からの標準報酬月額が決まります。

提出時期	毎年7/1～7/10
提出先	日本年金機構事務センター又は管轄の年金事務所

③ 健康保険・厚生年金保険　被保険者報酬月額変更届の提出

　従業員の昇給や雇用契約の変更などによって、毎月支給される給与に変更があった際に社会保険の標準報酬月額を変更するための随時改定に関する届出です。随時改定は、①基本給などの固定的賃金が変動していること、②変動月から継続した3か月間の報酬支払基礎日数がいずれも17日以上あること、③変動前の標準報酬月額の等級と現在の等級との間に、2等級以上の差が生じていること、の3要件をすべて満たした場合に該当します。なお、4月に定期昇給をしている

会社については、7月に月額変更届を提出し、9月の定時決定を待たずに7月給与から標準報酬月額が変更となる可能性がありますので注意が必要です。

提出時期	報酬変動月から3か月経過後速やかに
提出先	日本年金機構事務センター又は管轄の年金事務所

❹ 健康保険・厚生年金保険　被保険者賞与支払届の提出

　従業員に賞与を支給した際の賞与に対する社会保険料を計算するための届出です。賞与の支払額を記入して提出します。なお、対象となる賞与とは年3回以下の支給となる賞与のことであり、年4回以上支給した場合には、標準報酬月額の対象となります。

提出時期	賞与の支払日から5日以内
提出先	日本年金機構事務センター又は管轄の年金事務所

❺ 健康保険・厚生年金保険　被保険者資格取得届の提出

　新たに入社した従業員の標準報酬月額を決めるための届出です。この届出をすることで、新入社員の健康保険被保険者証が協会けんぽから会社に交付されます。なお、健康保険被保険者証の交付までは通常届出から10日程度を要します。交付されるまでの間に医療機関で受診するなど保険者証が必要な際には、年金事務所の窓口で健康保険被保険者資格証明書の交付を受けることで、保険が適用になります。

提出時期	従業員の入社日から5日以内
提出先	日本年金機構事務センター又は管轄の年金事務所

❻ 健康保険　被扶養者（異動）届の提出

　新たに入社した従業員に被扶養者がいる場合や従業員に子供が生まれるなど被扶養者の追加等があった場合に提出します。添付書類として、戸籍謄本又は戸籍抄本（被保険者が世帯主で被扶養者と同居している場合は住民票の写しも可）、被扶養者の年間収入が130万円未満であることを確認できる課税証明書等の書類が必要です。

提出時期	従業員の異動事由発生から5日以内
提出先	日本年金機構事務センター又は管轄の年金事務所

❼ 健康保険・厚生年金保険　被保険者資格喪失届の提出

従業員が退職した際の届出です。退職した従業員の健康保険被保険者証を合わせて提出します。

提出時期	従業員の退職日の翌日から5日以内
提出先	日本年金機構事務センター又は管轄の年金事務所

❽ 労働保険　概算・確定保険料申告書の申告及び保険料の納付

労働保険料とは、労災保険料と雇用保険料の合計額です。労働保険料は、毎年年度末までの概算保険料を申告するとともに前払いで納付し、翌年に新年度の概算保険料の申告及び納付の際に、前年度分を正しい保険料に精算します。これを労働保険の年度更新といいます。労働保険の保険年度は4/1～3/31と決まっています。

労災保険料は、全従業員の賃金総額（見込額・確定額）に労災保険料率をかけて計算します。労災保険率は業種によって異なります。また、労災保険料はその全額が会社負担となります。

雇用保険料は、雇用保険に加入している全従業員の賃金総額（見込額・確定額）に雇用保険料率（❶参照）をかけて計算します。また、雇用保険は従業員と事業主の双方が負担します。

なお、概算保険料の算定に当たっては、本年度の見込みの賃金総額が、前年度の実際の賃金総額の50％から200％の間である場合には、前年度の実際の賃金総額を本年度の見込みの賃金総額として計算します。

前年度の概算保険料が確定保険料よりも少なかった場合には、本年度の概算保険料と合わせて納付します。逆に前年度の概算保険料が確定保険料よりも多かった場合には、通常本年度の概算保険料はその超過納付額を控除した額で納付します（別途還付を受けることもできます。）。なお、概算保険料が40万円以上である場合等には、3回（7/10・10/31・翌年1/31）に分割して納付することができます。

提出時期	毎年6/1～7/10
提出先	所轄の労働基準監督署など

⑨ 雇用保険　被保険者資格取得届の提出

　新たに入社した従業員が雇用保険の資格を取得するための届出です。なお、労災保険は会社が加入していれば自動的に従業員全員が対象となりますので入社に伴う手続はありません。

提出時期	従業員の入社月の翌月10日まで
提出先	公共職業安定所

⑩ 雇用保険　被保険者資格喪失届の提出

　従業員が退職した際の届出です。雇用保険被保険者離職証明書を併せて提出し、離職票の交付を受けます。離職票は退職者が失業給付を受けるために必要となるため交付を受け次第、速やかに退職者へ渡します。

提出時期	従業員の退職日の翌日から10日以内
提出先	公共職業安定所

　社会保険事務は、毎年定期の事務手続の他に、従業員やその家族に異動があった際にも手続が発生します。従業員数がある程度多い会社の場合には社会保険労務士に委託しているケースも多く、その際は社会保険労務士ときちんと情報を共有しておくことが重要でしょう。

3 年末調整について ① ～サラリーマンの税金計算とは～

会社は、従業員の給与や賞与から源泉所得税を徴収しています。これは、従業員の給与等の金額と扶養親族の人数によって便宜的に決まった仮の税額です。そこで従業員の正確な課税所得を算出することで本来の税額を計算し、既に源泉徴収した税額との過不足を精算する作業が年末調整です。

この年末調整の作業も経理担当者の業務であり、決められた期間（しかもわりと短期間）に全社員分の資料を確認・入力することになりますので、従業員数の多い会社などでは結構な負担になるでしょう。

年末調整の具体的な話に入る前に、サラリーマンの所得税の計算の仕組みについて説明します。

❶ 所得税の計算方法

所得税額等及び年末調整額は次の計算式で計算することができます。

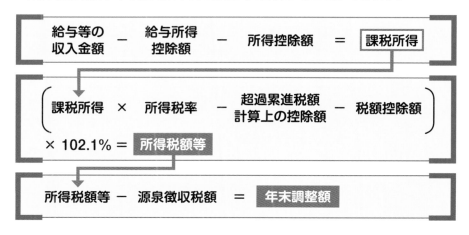

❶ 給与等の収入金額

1月～12月の給与・賞与等の課税支給額の合計です。いわゆる年収に当たります。

❷ 給与所得控除額

個人事業者における経費のような位置づけですが、サラリーマンの場合は給与等の収入金額に応じて、次の計算式により自動的に控除額が決定します。

給与等の収入金額		給与所得控除額
	1,625,000円まで	550,000円
1,625,001円から	1,800,000円まで	収入金額×40% － 100,000円
1,800,001円から	3,600,000円まで	収入金額×30% ＋ 80,000円
3,600,001円から	6,600,000円まで	収入金額×20% ＋ 440,000円
6,600,001円から	8,500,000円まで	収入金額×10% ＋ 1,100,000円
8,500,001円以上		1,950,000円（上限）

❸ 所得控除

所得控除とは、所得税等を計算する際に、各納税者の個人的な事情を加味して税負担が公平なものとなるように、所得から減算することで、課税される所得を調整するものです。

所得控除には、15種類の内容があり、主なものは次のとおりとなります。

基礎控除	全ての納税者のうち、所得が一定の金額以下の納税者については、所定の控除額を所得から差し引くことができます。
配偶者控除・配偶者特別控除	納税者に法律上の配偶者がいる場合で、かつ、納税者自身の所得と配偶者の所得がともに一定金額以下の場合に、所定の控除額を所得から差し引くことができます。
扶養控除	納税者が配偶者以外の親族を扶養している場合に、所定の控除額を所得から差し引くことができます。
社会保険料控除	納税者が自己又は自己と生計を一にする配偶者や親族の負担すべき社会保険料を支払った場合には、その支払った金額を所得から差し引くことができます。

生命保険料控除・地震保険料控除	納税者が生命保険料、介護医療保険料、個人年金保険料、地震保険料を支払った場合には、支払った金額に基づき計算した一定の金額を所得から差し引くことができます。

この所得控除額を計算することが年末調整の最も重要な作業となります。

❹ 課税所得と税額計算

その名のとおり課税の対象となる所得のことです。課税所得に税率をかけることで所得税額を計算します。わが国の所得税の計算は、超過累進税率方式を採用しています。これは、課税所得が増えるほどより高い税率を課する方式であり、かつ、課税所得が一定額以上となった場合にその超過金額のみに、より高い税率を適用する課税方式です。具体的な税額は次の速算表により計算できます。

■所得税の速算表（平成27年分以降）

課税される所得金額（1,000円未満切捨て）	税　率	計算上の控除額
1,000円から　　1,949,000円まで	5％	0円
1,950,000円から　3,299,000円まで	10％	97,500円
3,300,000円から　6,949,000円まで	20％	427,500円
6,950,000円から　8,999,000円まで	23％	636,000円
9,000,000円から　17,999,000円まで	33％	1,536,000円
18,000,000円から　39,999,000円まで	40％	2,796,000円
40,000,000円以上	45％	4,796,000円

❺ 税額控除

法人税と同様に、所得税にもいくつかの税額控除が設けられています。年末調整に関係するものとしては、住宅借入金等特別控除（住宅ローン控除）があります。

❻ 所得税額等（所得税及び復興特別所得税）

　個人の所得には、所得税の他に復興特別所得税が課せられます。復興特別所得税は所得税額の2.1％です。したがって、所得税額に102.1％をかけることで所得税額等の額が計算されます。この所得税額等の額が、サラリーマンの本来の年税額となります。

❼ 年末調整額（差引超過額又は不足額）

　所得税額等の額から既に給与・賞与等から源泉徴収した税額を差し引いた金額が、年末調整額です。年末調整額がプラスの金額の場合は、源泉徴収税額が不足していることになりますので、不足額を従業員の給与から徴収します。逆にマイナスの金額の場合には、源泉徴収税額が超過していることになりますので、超過額を従業員に還付します。

❷ なぜ年末調整が必要なの？

　サラリーマンの所得税の仕組みがわかったところで、なぜ年末調整が必要なのか考えてみましょう。すでに述べたとおり従業員の給与や賞与等から徴収している源泉所得税額は、従業員の給与等の金額と扶養親族の人数しか考慮しておらず、生命保険料控除や住宅ローン控除などは加味されていません。また、扶養親族についても、本来は年末時点の現況が税額計算に反映されるのですが、それは年末にならないとわからないことになります。そのため、年中は概算の税額を源泉徴収しておき、年末に年末調整で正しい税額に精算する仕組みを取っているのです。

　個人の場合は、本来は確定申告をすることで自らの年税額を確定させ納付することがあるべき姿なのですが、納税者の圧倒的大多数を占めるサラリーマンの全てが確定申告を行うことには、諸々の不便があり、徴税上の便宜の観点から、サラリーマンの税金についてはその計算と納付を勤務先に代行させているというのがわが国の源泉徴収及び年末調整の制度になります。

4 年末調整について ② ～年末調整の作業手順～

ここからは実際の年末調整の作業手順について説明します。

① 年末調整の対象となる従業員

年末調整の対象となる人	年末調整の対象とならない人
給与所得者の扶養控除等（異動）申告書を会社に提出した人で、 ① 年末時点で在籍している人 ② 年の中途で退職した人の内、次の人（退職時点で年末調整を行います） 　● 死亡退職者 　● 心身の障害による退職者で、年内の再就職が見込めない人 　● 12月の給与支給後に退職した人 ③ 年の途中で海外転勤などにより非居住者になった人（非居住者になった時点で年末調整を行います。） 　　　　　　　　　　　　　　　　　など	① 給与等の収入金額が2,000万円を超える人 ② 2か所以上で勤務している人で、給与所得者の扶養控除等（異動）申告書を他の事業者に提出している人（乙欄適用者） ③ 退職者のうち、左記の②に該当しない人（通常の退職者） ④ 日雇労働者（丙欄適用者） 　　　　　　　　　　　　　　　　　など

② 年末調整の税額計算手順

❶ 各種申告書の記入案内及び申告書・資料回収

　従業員に年末調整に係る各種申告書を配付し記入を案内するとともに、記入した申告書及び申告書に関わる資料を回収します。なお、各種申告書は国税庁のホームページでダウンロードすることができます。

　配付及び案内は11月上旬に行い、11月中に回収できることが望ましいでしょう。

❷ 基本的な提出書類

■当年分　給与所得者の扶養控除等（異動）申告書

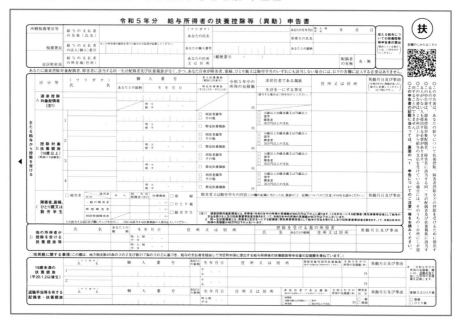

　通常、前年の年末調整時に従業員から提出されていますが、年中に扶養親族の異動などがあるかもしれませんので、この段階で再度記入してもらい提出を受けます。

　配偶者や扶養親族がいない従業員についても、年末調整の対象となる人に該当する場合には、上段の氏名・住所等を記載して提出してもらうようにしてください。

　この申告書の提出がない従業員は年末調整の対象になりません。また、稀に他の職場と兼業している従業員が制度をよく理解せずに両方の職場にこの申告書を提出している事例を見かけますが、この申告書は一つの職場にしか提出できませんので、それは誤りです。

　なお、記入に際して、特に誤りが多いのは、配偶者や扶養親族の所得の見積額の記入です。ここに収入金額を書いてこられる方がしばしば見受けられます。収入は年収のことで、所得は給与所得者の場合、収入から給与所得控除額を控除した後の金額です。つまりここには給与所得控除額を控除した後の金額を書かなく

てはいけないのですが、収入と混同して103万円などと書いてこられる方がまれにいます。本当に所得が103万円なのであればそれで結構なのですが、その場合は所得控除の対象にはなりませんので念のため確認が必要でしょう。

■翌年分　給与所得者の扶養控除等（異動）申告書

　年末調整には直接用いませんが、1月以降の給与計算における源泉所得税額の計算に必要な扶養親族の情報をこの時点で記載してもらう会社が多いです。この申告書の提出がない従業員については、1月以降の給与計算について、乙欄で源泉所得税を計算することとなります。

　なお、年末調整自体も当年分ではなく、翌年分の給与所得者の扶養控除等（異動）申告書のみの提出を受けて行う会社もしばしば見受けられます。その場合は、所得金額の帰属年や控除対象扶養親族の年齢計算などに留意が必要です。

■当年分　給与所得者の基礎控除申告書　兼　給与所得者の配偶者控除等申告書　兼　所得金額調整控除申告書

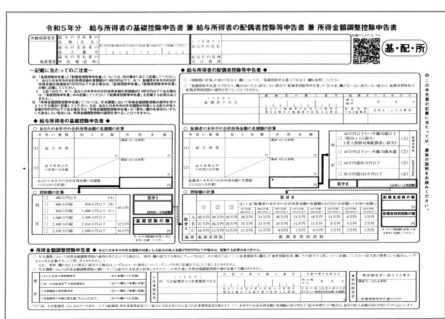

3つの申告を1枚の書式で兼ねた恐ろしく長い名前の申告書です。上段は配偶者控除（配偶者特別控除）の適用有無及び控除金額を算定するための申告書です。最下段は所得金額調整控除の該当を判断するための申告書です。給与等の収入金額が850万円以下の方は特に記載いただく必要はありません。

　この申告書についても、誤りやすいのは収入と所得の混同でしょう。申告書裏面に収入金額から所得金額を計算するための計算式が記載されていますので参照するよう周知してください。

■当年分　給与所得者の保険料控除申告書

令和5年分　給与所得者の保険料控除申告書

　生命保険料控除や地震保険料控除を計算するための申告書です。従業員に記載してもらうとともに、保険会社から送付される「保険料控除証明書」を合わせて提出してもらいます。

　また、従業員が支払った家族分の国民年金保険料や国民健康保険料についても控除できますので、該当する従業員には、社会保険料控除の欄に記載してもらう必要があります。

基本的な書類の他に該当する従業員のみが提出する書類もあります。

■住宅ローン控除を受ける従業員が提出する書類

当年分　給与所得者の（特定増改築等）住宅借入金等特別控除申告書　兼　（特定増改築等）住宅借入金等特別控除計算明細書	住宅ローン等を利用してマイホームの新築・購入等をした従業員が住宅ローン控除を受ける場合、初年度は年末調整で計算することができないため確定申告が必要ですが、2年目以降はこの書類を会社に提出することにより年末調整で完結することができます。併せて税務署又は金融機関から送付される「住宅資金に係る借入金の年末残高等証明書」を提出してもらいます。

■中途入社で年内に前職がある従業員が提出する書類

前職の源泉徴収票	前職を年の途中で退職、同一年内に自社に入社した従業員は、前職の所得と自社の所得を合算して年末調整を行う必要があります。したがって、前職の収入等を把握するために前職の源泉徴収票を提出してもらってください。

■国外扶養親族を扶養している従業員が提出する書類

親族関係書類 送金関係書類	最近は中小企業でも外国人労働者を雇用している例が多く見受けられます。本国にいる扶養親族に送金している場合には、年末調整の際に必要書類を提出することで扶養控除を受けることができます。「親族関係書類」は外国政府又は外国の自治体が発行する戸籍謄本等が該当します。ただし、これらは通常、日本語以外で記載されていますので、和訳文を用意する必要があります。「送金関係書類」は外国送金依頼書の控え等が該当します。なお、令和5年分より国外扶養親族に該当するために年齢・送金額等の一定の条件が付されましたのでご留意ください。

❸ 回収した資料の確認

　従業員から回収した各種申告書・資料のチェックを行います。主にチェックすべきポイントは次のとおりです。

☐	申告書に記載された従業員の住所等の変更の有無。 前年と住所が異なっている場合、給与支払報告書の提出先が変わりますので注意が必要です。
☐	扶養控除等（異動）申告書に記載された扶養の有無について前年との変更点。 収入金額と所得金額の混同の可能性。
☐	所得金額調整控除申告書の記載の有無について前年との変更点。 当年から収入金額が850万円を超える見込みとなった従業員は特に注意が必要です。
☐	保険料控除申告書に記載された内容と控除証明書の突合。 特に保険料の種類（一般・介護保険・個人年金）や新・旧の区分はかなりの誤りが散見されますので要注意です。
☐	住宅借入金等特別控除申告書に記載された金額の検算。 従業員が自ら計算する項目が多いため、誤りも多いです。
☐	前職がある方の源泉徴収票の有無。 前職の源泉徴収票を紛失している従業員も多く、その場合は前職に再発行を依頼する必要があり時間を要しますので、早めのチェックが必要です。

❹ 給与計算ソフトへの所得控除情報の入力

　回収した資料に基づき、配偶者・扶養控除の情報や生命保険料控除の情報等を給与計算ソフトに入力していきます。ここまでを12月分給与の計算までに終わらせることができれば後がスムーズです。

❺ 12月分給与・賞与の計算

　12月分の給与計算と賞与の計算が終われば、給与計算ソフトが自動的に従業員の年間の税額を計算してくれているはずです。計算が完了すると、源泉徴収簿が完成します。

■源泉徴収簿（1枚目）

　右側半分に年末調整の計算過程及び結果が記載されています。⑧の税額が年中の給与・賞与から源泉徴収した税額の合計額で、㉕の年調年税額がその従業員の本来の年税額です。その差額が㉖に超過額又は不足額として記載されています。なお、給与計算ソフトを使用していない場合には、手計算により源泉徴収簿を完成させ、年調年税額を計算する必要があります。この源泉徴収簿は会社に保管しておく必要があります。

❻ 源泉徴収票

　翌年の1月末日までに従業員へ交付するとともに、税務署及び自治体に提出します。詳細は❺で説明します。

❼ 過不足税額一覧表

　給与計算ソフトによって名称は異なりますが、全従業員の超過額・不足額を一覧にした表です。通常はこの表の記載金額に基づいて超過額又は不足額を従業員に

還付又は徴収します。一般的には12月の給与支給時に還付・徴収するケースが多いですが、会社によっては翌年1月の給与支給時に調整するケースもあります。

❸ 年末調整の再調整と確定申告の案内

　以上が年末調整における税額計算の流れです。なお、年末調整の税額計算完了後に配偶者や被扶養者の所得見積額に変更が生じた場合や、保険料控除等の情報に誤りがあった場合には、翌年の1月末日（源泉徴収票を交付する前）までであれば、年末調整をやり直す（再調整）ことができます。2月以降に年末調整の内容と異なる状況が判明した場合には、原則として、従業員本人が確定申告することで正しい税額に精算しなくてはなりません。

　なお、サラリーマンについては、基本的にこの年末調整で課税が完結します。しかし、次のようなケースの場合には従業員自らが確定申告をしなくてはなりません。

> ● 給与等の収入金額が2,000万円を超えている、又は2か所以上で勤務しているなど年末調整の対象とならなかった人。
> ● 副業を営んでいるなど、給与所得以外の収入がある人。
> ● 医療費控除の適用を受けようとする人。
> ● 初年度の住宅ローン控除の適用を受けようとする人。
> ● ふるさと納税を6自治体以上にするなどワンストップ特例制度の適用を受けなかった人。

　このような従業員がいる場合には、確定申告するように注意喚起してあげるのが親切でしょう。

5 年末調整について ③ ～税務署・自治体への報告～

年末調整で従業員の税額計算が完了した後は、法定調書合計表と給与支払報告書の提出を行います。

❶ 法定調書合計表の提出

法定調書合計表には次の ❶ ～ ❻ の項目について1年間の合計金額や税額を記載し、1月末日までに所轄税務署に提出します。

❶ 給与所得の源泉徴収票の合計

1年間に支払った給与・賃金・賞与等の合計額及び源泉徴収税額を記載します。また、下記の条件に当てはまる従業員については、合計表に金額及び税額を記載するとともに、合計表と合わせて源泉徴収票を税務署に提出します。

年末調整をした人のうち	法人の役員等でその年の給与等の金額が150万円を超える人	
	弁護士等の一定の士業でその年の給与等の金額が250万円を超える人	
	上記以外の人で、その年の給与等の金額が500万円を超える人	
年末調整をしなかった人のうち	給与所得者の扶養控除等申告書を提出した人のうち	その年の途中に退職した人等で、その年の給与等の金額が250万円（役員の場合は50万円）を超える人
		その年の給与等の金額が2,000万円を超える人
	給与所得者の扶養控除等申告書を提出しなかった人（乙欄・丙欄適用者）で、その年の給与等の金額が50万円を超える人	

❷ 退職所得の源泉徴収票の合計

1年間に支払った退職手当等の合計額及び源泉徴収税額を記載します。また、法人の役員に対して支払った退職手当については、合計表と合わせて退職所得の源泉徴収票を税務署に提出します。

❸ 報酬、料金、契約金及び賞金の支払調書の合計

1年間に支払った報酬等（範囲については第2章 ❸ を参照）の支払金額及び源泉

徴収税額を記載します。また、同一の人に対する支払金額が5万円を超える場合（外交員・ホステス等一定の職業の人に支払う報酬は50万円を超える場合などの例外有）には、合計表と合わせて支払調書を税務署に提出します。

❹ 不動産の使用料等の支払調書の合計

1年間に支払った不動産の家賃や地代や更新料などの合計支払金額を記載します。また、同一の個人又は法人に対する支払金額の合計が15万円を超える場合（法人に対する支払の場合には、権利金・更新料等のみ）には、合計表と合わせて支払調書を税務署に提出します。

❺ 不動産等の譲受けの対価の支払調書の合計

1年間に支払った不動産の購入代金などの合計支払金額を記載します。また、同一の個人又は法人に対する支払金額の合計が100万円を超える場合には、合計表と合わせて支払調書を税務署に提出します。

❻ 不動産等の売買又は貸付けのあっせん手数料の支払調書の合計

1年間に支払った不動産の売買や賃貸借に関する仲介手数料などの合計支払金額を記載します。また、同一の個人又は法人に対する支払金額の合計が15万円を超える場合には、合計表と合わせて支払調書を税務署に提出します。

❷ 給与支払報告書（総括表及び個人別明細書）の提出

給与支払報告書（個人別明細書）に記載する内容は、源泉徴収票と同内容ですので、従業員の税額計算が完了し、給与計算ソフト等で源泉徴収票を作成すると、通常自動で給与支払報告書も作成されるかと思います。個人別明細書と総括表を合わせて、1月末日までに従業員の住む自治体に提出します。

給与支払報告書の記載内容を基に各自治体は、従業員の個人住民税を計算し、その年の6月からの個人住民税を決定します。

1月末日までに法定調書合計表と給与支払報告書の提出を終えたら、長かった年末調整も完了です。ほっと一息つけることでしょう。お疲れ様でした。

　法人税や消費税などは申告期限までに納付しなければなりませんが、納付についてはいくつかの方法があります。

納付書による窓口納付	最も伝統的な方法です。納付書に税額を記載して金融機関や税務署の窓口に持参し、現金、預金口座からの振替、小切手によって納付する方法です。
クレジットカードによる納付	インターネットで「国税クレジットカードお支払サイト」又は「地方税お支払サイト」にアクセスし納付手続を行います。カード会社によって所定のポイントが貯まることや口座から出金されるタイミングを1か月程度遅らせることができることがメリットですが、手数料が発生し、また、カード上限額を超えての支払はできません。
ダイレクト納付	e-Tax（国税）又はeLTAX（地方税）からの操作で指定の日付に預金口座からの振替により納付することができます。利用するためには、ダイレクト納付利用届出書を税務署（国税）・金融機関（地方税）に提出した上で、e-Tax又はeLTAXで電子申告する必要があります。利用届出書の提出から利用できるようになるまでには1か月程度の期間を要します。
インターネットバンキングによる納付	金融機関が提供しているインターネットバンキング用のホームページから納付します。利用するにはあらかじめインターネットバンキング口座を開設し、ID及びパスワードを取得する必要があります。なお、国税の場合、登録方式と入力方式の2つの方法がありますが、いずれの方式においても、e-Taxの利用者識別番号が必要です。
スマホアプリによる納付・コンビニでの二次元コード（バーコード）による納付	スマートフォン決済専用のWebサイトから電子マネーで納付する方法です。 また、自宅のパソコン等から国税庁HPにアクセスし作成した二次元コードや税務署から交付されたバーコード付納付書を使用し、コンビニエンスストアで納付することもできます。いずれの方法も、納付税額が30万円以下の場合のみに利用できます。

　様々な納付方法がありますので、納税額の規模や経理担当者の利便性にあった方法を検討してみてはいかがでしょうか。

■著者紹介

磯山 仁志（いそやま ひとし）

昭和58年北海道生まれ。
立命館大学政策科学部卒業後、日本たばこ産業株式会社を経て、
平成28年よりやさか税理士法人に勤務。
同志社大学大学院法学研究科（修士課程）修了
平成30年税理士登録
近畿大学大学院法学研究科非常勤講師
著書：『あなたが払う税金はざっくり言ってこれくらい』（清文社、令和4年）

ざっくりわかる　はじめての経理（けいり）・はじめての税金（ぜいきん）

2024年3月22日　発行

著　者　　磯山 仁志（いそやま ひとし） ©

発行者　　小泉 定裕

発行所　　株式会社 清文社

東京都文京区小石川1丁目3-25（小石川大国ビル）
〒112-0002　電話03（4332）1375　FAX03（4332）1376
大阪市北区天神橋2丁目北2-6（大和南森町ビル）
〒530-0041　電話06（6135）4050　FAX06（6135）4059
URL https://www.skattsei.co.jp/

印刷：大村印刷㈱

ISBN978-4-433-74044-3